Ottokar Lorenz

**Der Historiker Friedrich Christoph Schlosser
und die Geschichtsschreibung**

Lorenz, Ottokar: Der Historiker Friedrich Christoph Schlosser und die Geschichtsschreibung
Hamburg, SEVERUS Verlag 2011.
Nachdruck der Originalausgabe von 1868.

ISBN: 978-3-86347-191-0
Druck: SEVERUS Verlag, Hamburg 2011

Der SEVERUS Verlag ist ein Imprint der Diplomica Verlag GmbH.

Bibliografische Information der Deutschen Nationalbibliothek:
Die Deutsche Nationalbibliothek verzeichnet diese Publikation in der Deutschen Nationalbibliografie; detaillierte bibliografische Daten sind im Internet über http://dnb.d-nb.de abrufbar.

© **SEVERUS Verlag**
http://www.severus-verlag.de, Hamburg 2011
Printed in Germany
Alle Rechte vorbehalten.

Der SEVERUS Verlag übernimmt keine juristische Verantwortung oder irgendeine Haftung für evtl. fehlerhafte Angaben und deren Folgen.

SEVERUS
Verlag

I.

Man wird nicht behaupten können, dass über unsere meisten und hervorragendsten Geschichtschreiber eine auch nur einigermassen sicher stehende Ansicht vorhanden und geläufig wäre. Wenn man von der unmittelbaren Wirkung absieht, welche die Gegenwart auch auf dem Gebiete der Geschichtschreibung auszuüben pflegt, und wenn man auch nur einigermassen zurückgreift in die Vergangenheit, so wird man bald gewahr werden, dass über Jene, welche wenige Jahre vorher noch in anerkannter Wirksamkeit gestanden, ein unzuverlässiges, ungleiches und nicht selten ungerechtes Urtheil vorherrscht. Die Werthschätzung des Geschichtschreibers wird unter allen Umständen von mannigfachen localen und idealen Verhältnissen beeinflusst sein; auch die Veränderungen des Lebens und Geschmacks werfen überall und zu allen Zeiten ihr wechselndes Gewicht in die Wagschale der Beurtheilung historiographischer Leistungen, aber alle diese Momente reichen nicht aus, um die ungewöhnliche Wandelbarkeit zu erklären, welcher der deutsche Geschichtschreiber meist in der Meinung der Gelehrten und Laien unterliegt. Die Annalen unserer Geschichtschreibung verzeichnen die äussersten Extreme in der Behandlung und Beurtheilung neuerer und neuester Geschichtswerke, und die heftigste Verwerfung wird dem Schriftsteller neben der grössten Anerkennung in rasch folgendem Wechsel zu Theil. Man braucht eine Reihe von einst klingenden Namen nur auszusprechen, um den Satz zu beweisen, dass unser kritisches Urtheil über die umfangreichsten Leistungen auf dem Gebiete der Geschichte in einem heftigen Schwanken begriffen ist, welches durchaus nicht blos auf den natürlichen Fortschritt der Wissenschaften allein zurückgeführt werden kann. Muss aber das Ansehen der Wissenschaft nicht darunter leiden, wenn selbst in den elementarsten Richtungen derselben keinerlei Stetigkeit wahrzunehmen ist und wenn der Strom der wissenschaftlichen Einsicht stets das Bild einer zackigen, ungeraden und selbst rückläufigen Bewegung bietet. Für die nachfolgende historische Production fehlt jeder sichere Haltpunkt, der in dem Urtheil über die frühere begründet wäre und es ist ein Zeitraum von wenigen Jahren, welcher für die Geschichte der Historiographie im Grossen kaum noch massgebend wäre, seit eine etwas grössere Continuität und Stetigkeit in den Anschauungen von Generation zu Generation hervorzutreten beginnt. Aber auch da nur mehr in Betreff der äusseren Fertigkeiten als in Ansehung der inneren Fragen der geschichtlichen Wissenschaft. Von den Gelehrtenkreisen aus verbreitet und verstärkt sich das Schwanken der Urtheile in das grössere Publicum. Männer, deren historischem Griffel noch eben gehuldigt wurde, sieht man noch vor ihrem Tode zu den Todten geworfen, und was nicht selten als höchste historische Leistung gilt, ist im nächsten Augenblicke bei Seite gesetzt. Während die Einen noch die Grabschrift dem ‚deutschen Tacitus‘ schrieben, belächelten die Anderen den Werth seiner Schriften, und während man noch Jubiläen feierte, wussten die Jüngeren schon die Verkehrtheit eines alten Meisters haarscharf zu beweisen. Man mag sich hiebei mit dem Fortschreiten der Wissenschaft trösten oder brüsten, man mag die Rührigkeit bewundern, welche es möglich macht, dass morgen schon veraltet, was gestern neu war, man mag nichts Anderes als ewig strömenden Forschungseifer darin erkennen, wenn rücksichtslos verdammt wird, was der erkannten oder erkennbaren Wahrheit nicht völlig Stand hält. Aber auch die Nachtheile wissenschaftlicher Entwickelung sind leicht zu ermessen, welche daraus entstehen müssen, wenn auch nicht einmal in den Hauptzügen die Aufgaben der Forschung für eine längere Epoche geistiger Thätigkeit, wenn nicht im grossen und ganzen die Auffassung der Vergangenheit gleichmässig sichergestellt ist. Wie wenn der einzelne Mensch von der verzweifelnden Befürchtung befallen würde, dass ihm sein eigenes Gedächtniss nichts als Lüge und Täuschungen vorspiegelt, so müsste einer Nation wahrlich ihre eigene Geschichte verhasst werden, wenn ihr dieselbe nur als ein Chaos widersprechendster Auffassungen entgegenträte, in welchem kein einziger sicherer Punkt der Ueberlieferung wäre. Wenn wir nun aber auch durch gewisse grosse Marksteine der Entwicklung sowohl in der allgemeinen wie speciell in der deutschen Geschichte vor einer solchen äussersten Verwirrung und Verzweiflung an geschichtlicher Wahrheit wenigstens der Hauptsache nach bewahrt zu sein scheinen, so muss man es doch gestehen, dass wir auch heute eigentlich kein durchgreifendes Princip, keine anerkannte historiographische Richtung, ja nicht einmal einen historischen Stil von einiger Gleichmässigkeit, und was das Bedenklichste zu sein scheint, von Jahr zu Jahr weniger Neigung besitzen, uns über Dinge dieser Art zu verständigen oder auch nur ernsthafter zu unterhalten.

Unter den zahlreichen Kunstanstalten von Paris findet sich eine speciell für die Continuität der französischen Malerei höchst merkwürdige Sammlung, in welcher die Preisbilder der französischen Akademie in Rom seit dem Jahre 1721 aufbewahrt werden, eine Reihe von Gemälden, welche bei der grössten Mannigfaltigkeit eine wunderbare Gleichheit der künstlerischen Tradition erkennen lassen; man würde jedes für sich sofort als Bild der französischen Schule erkennen. Ich weiss nicht, ob man diesen selben Charakter nicht auch in der französischen Geschichtschreibung nachzuweisen vermöchte; soviel aber ist gewiss, dass unsere deutsche Geschichtsliteratur das gerade Gegentheil einer solchen nationalen Tradition darbietet: die höchste Individualisirung in Betreff der politischen und historischen Auffassung, der wissenschaftlichen Aufgaben, des Stils und der Darstellung. Jeder deutsche Geschichtschreiber steht äusserst vereinzelt und einsam wie ein besonderes Problem da, und es gehört fast immer zu den grössten Schwierigkeiten, seine Stellung in dem grösseren Zusammenhange der Wissenschaft zu bezeichnen, die Beziehungen aufzufinden, die er zu anderen Geschichtschreibern vor und nach ihm, zu anderen

Zweigen der Forschung, zu anderen Doctrinen, zur Philosophie und zu den Staatswissenschaften einnimmt.

In solcher Vereinzelung und Besonderheit liegt heute auch das grosse schriftstellerische Leben des Mannes hinter uns, der zu den gelesensten und bekanntesten Geschichtschreibern Deutschlands zählte. Seine eigenen Anknüpfungspunkte an die Entwickelung des geistigen Lebens der Nation, sein Ausgang von der grossen Bewegung der Literatur, sein Eintritt in die Werkstätten der geschichtlichen Forschung sind so unsicher und liegen so wenig zu Tage, dass wir es für ein kritisches Unternehmen halten müssen, die Anregungen zu bezeichnen, von denen er erfüllt war, und die Keime zu erforschen, aus denen seine geistigen Blüthen erwuchsen. Wie er aber gleichsam ohne sichtbare Verbindung mit der vorangegangenen historischen Literatur erscheint, so bietet Schlosser hinwieder schon heute vermöge seiner gesammten politischen und philosophischen Weltanschauung fast gar keine Anknüpfungspunkte dar, ist fast gänzlich von den Bücherbrettern der Gelehrten verschwunden, und wenn man ehrlich sein will, so darf uns die Hochachtung vor ihm nicht verhindern zu sagen, dass unser ganzes heutiges wissenschaftliches Denken und Forschen nur mit höchst unbedeutenden und schwachen Fäden zu ihm zurückführt.

Kann man sich unter diesen Umständen wundern, dass gleich an dem Grabe des Mannes, der sich als Achtzigjähriger den verbreitetsten Historiker Deutschlands nennen durfte, ein gewaltiger Kampf um seine Bedeutung, ja selbst um seine Berechtigung leider in der Weise geführt wurde, dass seine Anhänger die abscheulichsten Angriffe gegen einige andere deutsche Geschichtschreiber eröffneten.[1] Und darf man sich wundern, dass nach weiterem Verlauf von fast zwei Decennien

---

[1] Als Ausgangspunkt der heftigen Gegensätze, welche die Geschichtschreiber Deutschlands eine Zeitlang in zwei Parteien theilten, gilt gewöhnlich Gervinus' Schrift über die Grundzüge der Historik, Leipzig 1837, worin weniger der S. 82 vorkommende Satz: dass man Schlosser's Werke allein in der Literatur als Früchte des allgemeinen europäischen Lebens nennen könne, als vielmehr das, was er über die pragmatische Geschichtschreibung S. 53 ff. bemerkte, Anlass zu leidenschaftlichem Streite gab. Darüber wurde denn nur zu sehr übersehen, wie vieles Vortreffliche in der kleinen Schrift steht. Nur darf man darin kein consequentes System suchen. Gervinus

noch nicht der leiseste Versuch einer Verständigung gemacht worden ist und es den Anschein hat, als ob ein literarisches Bedürfniss für eine solche gar nicht vorhanden wäre? Ist es nicht ein Beweis der fortdauernden Zerfahrenheit der wissenschaftlichen Bestrebungen und Zielpunkte, wenn hier Schlosser, dort der gleichaltrige Niebuhr hundert Jahre nach ihrer Geburt einen gesicherten Standplatz in der Wissenschaft entbehren? Von Schlosser konnte versichert werden, dass er den ersten Anforderungen, welche an einen Historiker zu stellen wären, nicht genügt und dass er nichts für die Ermittlung der Wahrheit zu leisten vermocht hätte.[1] Und wenn Gervinus glaubte, er könnte den Deutschen umgekehrt in der Schlosser'schen Geschichtschreibung ein Normalmaass für alle zukünftige Historik aufdrängen, so blieb dies — man muss sagen glücklicherweise — ein fast vereinzelter Versuch, ein kühnes Abenteuer. Ein schönes und verständiges Wort war es aber, welches Löbell sagte, nachdem er der leidenschaftlichsten Verurtheilung selbst die Zügel schiessen lassen: „Die Perioden des falschen Ruhmes und der unbegründeten Geringschätzung müssen abgelaufen sein, um der rechten Kritik Raum zu verschaffen. So wird auch die Anerkennung des Verdienstes, welches sich Schlosser um die historischen Studien in Deutschland wirklich erworben hat, in seinen rechten Grenzen erst dann Statt finden, wenn die übertriebenen Vorstellungen von seiner Bedeutung

---

windet sich mühsam von den ästhetisirenden Gesichtspunkten Humboldt's los und steckt überall in der apriorischen Philosophie, die er aber verwirft, tief drin. Im Jahre 1844 hat Wuttke in dem ‚Grenzboten' Nr. 18 einen wenig unterrichtenden Artikel über Schlosser geschrieben, zu dessen Verurtheilung damals auch Buchhändlerspeculationen in abscheulichster Weise mitwirkten.

[1] Als nach dem Tode Schlosser's Gervinus seinen Nekrolog, Leipzig 1862, veröffentlichte, in welchem ohne tieferes Eingehen auf die Principienfragen eine weit über ein billiges Maass hinausgehende Vergleichung zwischen Schlosser und Ranke in der Art geliefert wurde, als hätte die heutige Geschichtschreibung nichts Anderes zu thun, als in den Bahnen Schlosser's fortzuwandeln, antwortete Löbell, leider anonym, wodurch die Gehässigkeit des Streites noch mehr hervortrat. Briefe über den Nekrolog F. Chr. Schlosser's von G. G. Gervinus. Die bezeichnete Verurtheilung besonders im neunten Brief S. 33 ff. Einen ruhigeren Artikel lieferte dagegen Haym im Preuss. Jahrb IX. 4. 1862 April.

als Historiker ihr Ende gefunden haben werden, und vor allem der phantastische Versuch, ihn zu einem der ersten Genien aller Zeiten heraufzuschrauben, zu Boden gefallen sein wird.' Einem mir unbekannten Verfasser eines Artikels der historischen Zeitschrift aber muss man es zur Ehre nachsagen, dass er gleich in jenem unglücklichen Widerstreite leidenschaftlicher Meinungen den Versuch gemacht, jene Periode ruhiger Würdigung anzutreten, während von anderer Seite freilich der Beweis geliefert wurde, dass Löbell mit Recht diese Zeit in weite Ferne herabgerückt sah.[1] Was heute in dem zusammenfassenden Buche Georg Weber's als Festschrift zur hundertjährigen Geburtstagsfeier Schlosser's vorliegt, kann nicht als eine eigentliche historiographische Würdigung des Geschichtschreibers angesehen werden, so erwünscht diese Zusammenstellung des biographischen Materials auch war. Die bisher unbekannt gewesenen Briefe Schlosser's an Frau Schmidt geben zwar manche persönliche Aufklärungen und nicht zu unterschätzende Winke über sein geistiges Leben, bieten jedoch ihrer Natur nach keinen Einblick in Schlosser's Verhältniss zur Wissenschaft. So dankenswerth daher auch Weber's Festgabe war, so wenig dürfte sie als eine abschliessende Würdigung des alten Meisters gelten. In den folgenden Erörterungen kann um so lieber von den biographischen Momenten abgesehen werden, als Weber's neue Publication Schlosser's eigene Lebensaufzeichnungen in frische Erinnerung gebracht hat.

---

[1] Zur Beurtheilung Friedrich Christoph Schlosser's in v. Sybel's hist. Zeitschrift VIII. 117—140; vgl. auch Bernhardt über Löbell in der neuen Ausgabe des Gregor von Tours.

[2] F. Chr. Schlosser, der Historiker. Erinnerungsblätter aus seinem Leben und Wirken, eine Festschrift zu seiner hundertjährigen Geburtstagsfeier, Leipzig 1876. Auch Weber kommt nochmals auf den Vergleich von Schlosser und Ranke zurück, erinnert an den Goethe- und Schiller-Streit und tröstet sich, wie es scheint, nicht in glücklichster Analogie damit, dass die heutige Zeit beide verehrt. Allein die Geschichtswissenschaft hat in ihren Productionen gewiss wenig Aehnlichkeit mit der Unvergänglichkeit der Poesie, obwohl man immer wieder in Humboldt-Gervinus'scher Weise gerne von der Kunst spricht, wenn man das Geschäft des Geschichtschreibers beschreibt. Der von Weber im Jahre 1862 in ‚Unsere Zeit' ebenfalls als Nekrolog veröffentlichte Artikel ist sachgemäss und lehrreich und unterschied sich damals wohlthuend von den leidenschaftlichen Ausbrüchen der anderen Nekrologisten.

Diese Selbstbiographie, im Jahre 1826 verfasst, muss uns zunächst einen Augenblick beschäftigen.[1] Gelehrte entschliessen sich nicht allzuhäufig zu einer über ihre eigene Entwickelung reflectirenden Darstellung.[2] Schlosser, der zur Angabe der Hauptumstände seiner Lebensgeschichte von aussen her aufgefordert war, ergriff die Gelegenheit, sich einmal über sich selbst Rechenschaft zu geben. Er schrieb einen Aufsatz, der in mehr als einer Beziehung lehrreich war, und die Hauptquelle für unsere Kenntniss von seinem Innern geblieben ist. Obwohl es ihm eigentlich widerstrebte, sich selbst zu porträtiren, scheint es ihm doch unmöglich gewesen zu sein, eine Reihe von Lebensschicksalen in trockener Chronologie ohne den Nachweis des geistigen Zusammenhanges derselben zu verzeichnen. Indem er schrieb, gestaltete sich seine Selbstbiographie zu einer Erklärung seiner selbst, zu einer recht eigentlichen Bekenntnissschrift. Er verwahrt sich mit mehr als einem Worte gegen die Versuchungen, denen der Selbstbiograph zu unterliegen pflege, er

---

[1] Weber a. a. O. wieder abgedruckt aus den ‚Zeitgenossen' 1826. Wir sind weit entfernt, hier auf das Biographische irgend eingehen zu können, oder zu wollen. Nur was die innere geistige Entwickelung Schlosser's betrifft, so gehört es zu unserem Gegenstand; doch möge es gestattet sein, einer Mittheilung des Herrn August Oncken hier zu gedenken, welcher mich versicherte, dass in Varel, wo Schlosser Hofmeister bei Bentinck-Knyphausen war, die Tradition vorhanden wäre, die Bürger der Stadt hätten Schlosser als ‚Domestiken' des Grafen die Aufnahme in den Club verweigert, was vielleicht Ursache zu dessen plötzlichem Abbruch seiner Verhältnisse in Varel gegeben haben möchte.

[2] Gervinus führt auf diesen Umstand (Grundzüge der Historik S. 13) sehr schön die Thatsache zurück, dass über Historik und Historiographie gerade von den bedeutendsten Historikern am unliebsten und seltensten geschrieben wird. Hier ist der Vergleich mit dem Künstler vielleicht passender angebracht als sonst. Vollends beistimmen muss man ihm aber, wenn er sagt: ‚Der Geschichtschreiber liebt das Nachdenken über sein Geschäft so wenig wie der Künstler. Und dennoch ist es unserer neuesten Zeit so natürlich, über ihre Bestrebungen sich Rechenschaft zu geben, das was sie thut, mit Bewusstsein thun zu wollen, dass man nimmer mehr zweifeln darf, ob es heute noch Jemandem gelingen werde, in Kunst und Wissenschaft grosse Productionen zu liefern, ohne sich über seine Leistungen und sein Verfahren von Zeit zu Zeit klar zu machen'. Wie viel mehr muss man heute diesen Satz wiederholen, wo es an den meisten Orten in Deutschland Mode geworden ist, solche Dinge, wie sie in der Historik abgehandelt werden, als Allotria zu behandeln.

will nicht der Frosch in der Fabel sein, ‚der so gross werden will'. Er möchte so wenig als möglich sagen und schüttet doch mächtig sein Herz aus. Er glaubt, durch tausend Rücksichten verhindert zu sein, den Gang seines Lebens aufzuschliessen, und doch gibt er in jedem Satze ein markiges Urtheil über sich selbst, über seine Umgebung, seine Zeit, seine Lehrer, seine Eltern. ‚Ich erkannte früh', sagt er unter Anderm, ‚dass die deutschen Professoren, Schriftsteller, Gelehrte, Redactoren gelehrter und ungelehrter Blätter sich unter einander verständen, das Publicum und die Nachwelt zu betrügen und nahm mir vor, mich nie unter eine Menge von eingebildeten Menschen zu mischen, wo der, welcher sich nicht vor Jedem bückt und nicht Partei macht, oder welcher irgend Einen in seinem eiteln Treiben stört, nur Steinwürfe der Parteimänner und Schmähungen der Gassenbuben, die sich berühmt machen wollen, zu erwarten hat'. Von seinem eigenen Vater versichert er uns, dass es ein rechtes Glück gewesen sei, ihn in seinem sechsten Jahre verloren zu haben. Von der harten Behandlung der Mutter, von den Schlägen seiner Mitschüler, von der Peitsche und den Ohrfeigen ‚des wackeren ersten Lehrers', von der Misswirthschaft des Landesherrn und der Beamten, von der Rohheit des Soldatenthums erzählt er uns mit rücksichtsloser Lebhaftigkeit und im Tone von stahlhartem Selbstbewusstsein: ‚Im achten bis zehnten Jahr Scenen sehen, wie die, welche ich sah, unterrichtet werden, wie ich es ward, Menschen kennen lernen, wie diese, hätte bei stärkeren Leidenschaften und mehr Gelegenheit auszuschweifen, als ich je gehabt habe, sehr viel schaden müssen; an mir ging es vorüber'.

Wer diese Selbstbiographie liest und diese Eindrücke nachempfindet, der muss es errathen können, wie dieser Mann Geschichte schreiben wird, auch wenn er kein einziges Buch von ihm gelesen hätte. Seine friesische Heimat mag ihm geholfen haben, alle weichliche Regung des Herzens unter die Ueberzeugung eiserner Nothwendigkeiten zu beugen. Das kleine Land Jever war in politischer Beziehung den Launen seines Zerbster Tyrannen gerade so unterworfen, wie die friesische Küste den Stürmen des Meeres und gehörte, da es zur Zeit der Kreiseintheilung keinem Reichsstand unterthan war und selbst keine Reichsstandschaft besass, noch zur Zeit von Schlosser's Geburt eigentlich nicht zu Deutschland, welches, selbst ein dunkler Begriff, für den Sohn der friesischen Erde stets eine imaginäre Grösse blieb.[1] Was die heimatlichen Erinnerungen von den Beziehungen zu den benachbarten deutschen Ländern erzählten, kleidete sich in die Tradition despotischer Eroberungsversuche und ungerechter kirchlicher oder politischer Unterdrückung. Der friesische Wahlspruch aber in einem alten Wappen lautete: ‚lieber todt als Sklave‘, und diesem Lakonismus persönlichen Unabhängigkeitsdranges, welcher auch Schlosser's Seele erfüllte, hielt nirgends ein grösseres Staatsgefühl ruhig wägend, das Gegengewicht. Schlosser besass wohl eine Heimat, aber kein Vaterland und auch von dieser Heimat kann man nicht sagen, dass er sie übermässig hochgeschätzt hätte. Ob sich aber aus solchen Jugendempfindungen ein sicherer historischer Standpunkt, insbesondere nach der Seite staatlicher Geschichte entwickeln konnte, müssen wir vorläufig dahin gestellt sein lassen. Denn wenn auch eine Antwort auf diese Frage durch Beispiele aller Zeiten ebenso, wie vielleicht aus naheliegenden Erfahrungen gegeben werden könnte, so träfe uns doch leicht der Vorwurf, an die spätere wissenschaftliche Arbeit des Historikers mit einem vorurtheilenden Maasstab herangetreten zu sein.

Wie die deutsche Welt gegen Ende des vorigen Jahrhunderts beschaffen war, lag ihr nichts ferner, als die Grundfesten eines nationalen Staatsbewusstseins aufzusuchen, oder den Mangel davon zu bedauern. Man war von sehr allgemeinen Gesichtspunkten in der Wissenschaft, in der Kunst von sogenannten menschheitlichen Idealen erfüllt. Der concrete Inhalt menschlicher, gesellschaftlicher, staatlicher Verhältnisse wurde in einer Zeit allgemeiner Erschütterung dem jungen Menschen absolut nur auf dem Wege wissenschaftlicher Theorien oder

---

[1] Weber-Schlosser S. 4. Er erwähnt aber gar nicht, dass Jever nicht zu Deutschland gehörte, was gleichwohl vollkommen sicher ist, vgl. Berghaus Deutschland seit hundert Jahren II. 210 ff. Ich lege Werth auf diesen Umstand, weil Gervinus sich Mühe gibt, es zu erklären, warum Schlosser ‚das ganze Gebiet der Geschichte durchwandert und nur der deutschen den Rücken gekehrt‘ habe. Gervinus weiss die seltsamsten principiellen und wissenschaftlichen Erklärungen hiefür. Aber dass es dem Kosmopoliten des vorigen Jahrhunderts schon seiner Geburt nach an eigentlich nationaler Anregung fehlen musste, ist nicht bemerkt.

durch das Medium classischer Bildung bekannt. Die Wirklichkeit bot nichts von alledem, was jemand, der sich mit ihr historisch oder politisch befassen wollte, brauchen konnte. Phänomenale Erscheinungen im Gebiete des Staates, der Wissenschaft, der Dichtkunst bei völliger Entwerthung der cursirenden Ideen und Institutionen, bei zunehmender Geringschätzung herrschender Grössen im Gebiete des Geistes und des Staates, forderten zu einer Kritik der Vergangenheit heraus, wie sie bis dahin für die geschichtliche Betrachtung der Dinge als unschicklich erschien. Beurtheilung von einzelnen Ereignissen von einzelnen Menschen fehlte in keinem Zeitalter der Geschichtschreibung, die entschiedensten Beispiele dafür lagen aus dem Alterthume durch alle Jahrhunderte hindurch vor, dass man aber die Frage über den Werth ganzer Zeiträume der Geschichte aufwarf, war ein Product der neueren französischen Literatur, welche nach Deutschland herüber züngelte.[1] Das ganze Mittelalter mit Stumpf und Stiel und seinen bis in die Gegenwart dauernden Einrichtungen als einen baren Unsinn zu erklären, an welchem der denkende Mann kein edles Reis finden durfte, — eine Ansicht dieser Art war so wenig ungewöhnlich, dass es sich Schiller zum Ruhme rechnete, ermässigend zu sprechen und den Versuch gemacht zu haben, den vergangenen Jahrhunderten einige ideale Seiten abzugewinnen.[2] Gerade im

---

[1] In dieser grossen Revolution der Geschichtschreibung, welche zu Urtheilen über ganze Zeiträume sich aufschwang, meiner Ansicht nach die tiefgreifendste Veränderung gegenüber der gesammten Chronistik und Epochengeschichtschreibung des Mittelalters, ging bekanntlich Voltaire voraus: ‚de voir par quels degrés on est parvenu de la rusticité barbare de ces temps à la politesse du nôtre' heisst es in den Fragments sur l'histoire. œuvre XXVII. 214. Verfolgt man ferner den Gedankengang in dem Essai sur les mœurs, so wird man, insbesondere œuvres XVI. 412 die Auseinandersetzung über das Lehenswesen und seinen Verfall, leicht den Uebergang zu Schiller's bezüglichen Abhandlungen finden. Voltaire las Schlosser hauptsächlich in der Frankfurter Zeit — und zwar eben dessen historische Schriften vorzugsweise.

[2] Vgl. Tomaschek, Schiller in seinem Verhältniss zur Wissenschaft S. 92 ff. wo die Analyse des Aufsatzes über Völkerwanderung, Kreuzzüge und Mittelalter trotz der Bemerkungen Janssen's Schiller als Historiker S. 134 in allen Punkten aufrecht stehen wird. Herr Janssen kann es freilich nicht begreifen, wie man im Mittelalter von Finsterniss reden kann, — weil sich dieser überhaupt einen Standpunkt des menschheitlichen Fort-

Augenblicke als Schlosser anfing, sich für geschichtliche Dinge zu interessiren, war ohne Zweifel die grösste Verworrenheit in Bezug auf alle Beurtheilung der Vergangenheit eingetreten. Der Einfluss Schlözer's, Gatterer's, die alte Göttingische Tradition waren vollkommen überwunden, die officielle wissenschaftliche Vertretung der Geschichte machte auf den jungen Schlosser einen unsäglich schlechten Eindruck. Er bedauerte später, dass er unter den Gelehrten Göttingens Planck Unrecht gethan und versicherte, dass er bei diesem Einzigen kein Bedenken getragen hätte, sich ihm anzuschliessen, wenn er ihn früher so gekannt hätte wie später. Von Schlözer spricht er wie von einem abgethanen Manne, von Spittler achtungsvoll, doch ohne tieferes Interesse, von allen Anderen mit weniger als zweifelhafter Verehrung.[1]

Wo war ein Haltpunkt in dem Labyrinth einer aufgewühlten Literatur, die sich massenhaft dem Knaben schon erschloss und die der junge Mann mit einer fieberhaften Lesewuth zu verschlingen fortfuhr. Alte und moderne, französische und deutsche Schriftsteller jedes Faches hatte Schlosser so frühzeitig und so vollständig durchgelesen, dass wir uns erinnern müssen, wie Aehnliches auch von anderen damaligen jugendlichen Geistern gemeldet wird, um es glaublich zu finden.[2]

schrittes, von dem eben jene Leute ausschliesslich die Geschichte betrachtet wissen wollten, nicht denken kann. Wir sind unsererseits auch nicht der Ansicht, dass dieser Standpunkt der historisch brauchbare sei, aber wir begreifen schon recht gut, warum Schiller mit den vulgären Ansichten über das Mittelalter übereinstimmte, jedenfalls war dieser Bruch mit der bisherigen Historiographie, wie er von Schiller bezeichnet ist, das einzige Mittel, um aus dem Mittelalter herauszukommen und eine moderne Geschichtswissenschaft möglich zu machen.

[1] Bekanntlich studirte Schlosser Theologie; ich glaube aber auf diesen Umstand in Bezug auf seine innere geistige Entwickelung gar kein Gewicht legen zu sollen, da dies ja noch der gewöhnliche Studiengang vieler Lehrer und Gelehrten zu sein pflegte. Nachwirkung theologischer Art findet sich nur einigermassen in Hinsicht auf die später gewählten Themata historischer Arbeiten, was im Uebrigen die enorme Missachtung, in welcher die Göttinger Professoren ‚de Kerls' standen, betrifft, so kann man Eiler's Meine Wanderungen I. 86 f. lesen. Auch Voss verachtete insbesondere Heyne.

[2] Die Lesewuth der jungen Leute im vorigen Jahrhundert kann man aus der Biographie Schlözer's, Ritter's, A. v. Humboldt's, Niebuhr's wie Schlosser's ersehen, doch hatte Niebuhr in späteren Jahren sehr häufig

Die Unterrichtsmethoden jener Zeit begünstigten in frühestem Knabenalter eine auf das Sachliche gerichtete cursorische Lectüre, die es möglich machte, dass junge Leute, wie Ritter, Niebuhr in einer Zeit bereits sich einer ansehnlichen Kenntniss der classischen Welt erfreuten, in welcher unsere heutigen Jünglinge gemeiniglich noch nicht über die Einleitungen der philologischen Gelehrsamkeit und kritischen Verständigung hinweggekommen sind. Dass aber die überhastete Aufnahme eines gewaltigen Stoffes auch manche geistige Nachtheile schuf, wird nicht geläugnet werden können, und vielleicht hängt es damit auch bei Schlosser zusammen, wenn ihn neuere Beurtheiler so häufig eines Mangels scharfer kritischer Durchdringung seines Gegenstandes anklagten. Aus seiner Selbstbiographie ist man schlechterdings nicht im Stande zu ersehen, von welchen Richtungen Schlosser besonders angeregt war, welchen Autoren er mit Vorliebe gefolgt, wo er seine eigene Gedankenarbeit am liebsten einsetzte. Seine Bücher und deren Vorreden, welche ohnehin erst in eine Zeit fallen, wo er zum fertigen Mann herangereift war, enthalten nicht das Mindeste, was uns auf die Spuren seiner inneren Entwickelung leiten könnte. Kein Buch, kein Gelehrter, kein Lehrer wurde je von Schlosser irgendwo vorzugsweise als Leitstern seiner Bildung, seiner Weltanschauung bezeichnet. So überraschend indessen diese Erscheinung uns bei einem Schriftsteller von so ausgeprägten, festen und unbeugsamen Ueberzeugungen entgegentritt, so wenig ungewöhnlich ist dieselbe bei den meisten Historikern vom Fache. Philosophen, Juristen, Medicinern liegt es viel näher, und es ist unter ihnen ein althergebrachter Gebrauch, die Beziehungen zu nennen, in welchen sie zu ihren Vorgängern stehen, das System zu bezeichnen, an welches sie sich halten. Der moderne Historiker dagegen wird in sich selbst eine gewisse Abneigung erziehen,

---

geklagt, dass es ihm an einer richtigen Leitung seiner Studien gefehlt habe, dass er dadurch auf viele Irrwege gerathen sei. Lebensnachrichten I. S. 24. Ueber das rasche und cursorische Lesen der Classiker — nebenbei bemerkt, gerade die entgegengesetzte Methode von jener, die heute bewirkt, dass man nicht gut lateinisch und griechisch lernt — vgl. Schlosser's eigene Angaben, Weber 14, wo auch behauptet wird, dass Schlosser in Zeit von drei Jahren über viertausend Bücher durchlaufen habe.

sich von irgend etwas Anderem abhängig zu machen, als von dem, was er seine Quellen nennt. Man wird nicht gerade behaupten wollen, dass er darauf angewiesen sei, den Urgrund seiner Ueberzeugungen und Urtheile zu verstecken, aber sicher widerstrebt es der Natur seiner Wissenschaft, sich wie der Mediciner als einen Homöopathen, wie der Philosoph als Hegelianer kurzweg zu bezeichnen. Zugleich liegt es in der Entwicklung der historischen Wissenschaft, als solcher, dass sie die Krücken vollends ablehnt, die sie nur zu lange Jahrhunderte hindurch theils der Theologie, theils der Jurisprudenz entnommen hatte und die sie verhinderten, völlig frei und selbständig einherzuwandeln. Wenn man Schlosser zuweilen damit zu bezeichnen glaubte, dass man ihn zum Vertreter einer sogenannten subjectiven Richtung der Geschichtschreibung machte, so hat er mit den ‚Objectiven‘ doch jedenfalls das gemein, dass er für seine historische Arbeit auch seinerseits nichts als historische Quellen und nur diese anzunehmen gestattete. Liegt hierin aber nicht eine gewisse Täuschung? Sollten jene geistigen Zuflüsse, welche aus anderen Reihen von Gedanken zur historischen Quellenarbeit hinzugekommen sind, nicht eine sehr aufmerksame Beachtung verdienen, und setzt nicht jede geschichtliche Mittheilung einen persönlichen Geist voraus, der aus den mannigfaltigsten Eindrücken, Erfahrungen und Urtheilen zusammengesetzt und zu einem Individuum gestaltet worden ist?

Nun ist es wahr, dass die Ansichten darüber wie der historische Geist beschaffen sein soll, eben sehr auseinander gehen, und während die einen sich ihn lieber als einen glatten Spiegel denken, werden Andere von ihm die prismatische Gestalt fordern, welche die Strahlen der Sonne kritisch zerlegt. Aber für die Einen wie für die Anderen muss es doch feststehen, dass es gutes und schlechtes Glas gibt und dass jenes, welches aus schlechter Fabrik kommt, weder zum Spiegel noch zum Prisma sich eignet.

Unter den dürftigen und dabei sehr ungeordneten Angaben, die uns über Schlosser's Lectüre vor jener Zeit, in welcher er schriftstellerisch auftrat, belehren könnten, fällt die mehrfache Betonung seiner Beschäftigung mit der speculativen Philosophie auf. Es ist nicht zufällig, dass er seine geschichtlichen Studien häufig in Verbindung mit seiner Lectüre der philosophischen Werke erwähnt: ‚neben der Geschichte habe er besonders Plato und Aristoteles gelesen'. Ein andermal hebt er hervor, dass er die deutsche Philosophie ‚recht ab ovo' studiren wollte. Bevor er an Kant ging, wollte er sich von Crusius für das Verständniss desselben vorbereiten lassen. Endlich heisst es: ‚Ich studirte die drei Kritiken, hernach auch die anderen Schriften Kant's und ging nachdem ich die Kritik der reinen und praktischen Vernunft noch einmal gelesen hatte, zu Fichte und später zu Schelling über. Wohl merkte ich indessen, dass ich so wenig ein speculativer als ein mathematischer Kopf sei'. Beachten wir noch Schlosser's Vorliebe für Thucydides, den er dreimal hinter einander gelesen zu haben versichert, und seine immerwährende Betonung der alten Literatur neben der Kantischen Philosophie, so wird man vielleicht schon nach diesen biographischen Selbstbekenntnissen in diesem Stadium der Entwicklung die Geburtsstunde der Schlosser'schen Geschichtschreibung erblicken können. Was sich ihm als historiographisches Ideal vor die Seele stellte, war eine Verbindung der antiken Muster mit kritischer Philosophie, die antikisirende Richtung auf das Gegebene und Thatsächliche und die historische Verwerthung des kategorischen Imperativs. Es mag vorläufig dahin gestellt sein, ob sich auch in Schlosser's späteren Werken diese elementare Verbindung zweier geistiger Strömungen wiederfinden lassen wird, aber gewiss darf es als charakteristisch gleich hier noch angeführt werden, wie eifrig Schlosser auch noch in späten Jahren Schiller's historische Bücher empfahl, zu einer Zeit, wo es schon als ein Zeichen historischer Gelehrsamkeit galt, über des Dichters Geschichtschreibung mitleidig zu lächeln.[1] Auf die Frage, welche gute historische Bücher die Jugend lesen solle, antwortet Schlosser der Frau Schmidt: ‚Lesen Sie, wenn Sie das auch schon oft gelesen haben, Schiller's Geschichte des dreissigjährigen Krieges und Schiller's Geschichte der vereinigten Niederlande'. Ist es nicht sichtlich der alte Kantianer, der noch an Schiller, Wolt-

---

[1] Recht im Gegensatz zu Niebuhr's Urtheil muss man Schlosser in den Briefen (Weber 201) über Schiller lesen. Merkwürdig ist denn freilich, dass Gervinus von dem Urtheil seines Meisters so wenig acceptirte. Gesch. d. d. D. V. 338. vgl. Tomaschek, Schiller etc. S. 131. Janssen, Schiller S. 125.

mann, Sartorius Gefallen fand und diese Muster gesinnungsreicher Geschichtschreibung der Jugend als Leitfaden sittlicher Erziehung und politischer Moral empfahl? Und ganz übereinstimmend mit dieser Auffassung ist wohl, wenn ihm besonders Müller's Schweizergeschichten missfielen, weil sie nicht hinlänglich auf die Anerkennung des allgemeinen Sittengesetzes, einer feststehenden Moral begründet wären.[1] In diesem Sinne ist es auch ganz richtig, wenn ein neuerer Beurtheiler Schlosser's bemerkt, dass die Geschichte nur ‚insoferne ein Interesse auf ihn ausübte, das zur Forschung reizte, wenn er durch die Darstellung irgend einer Epoche sittliche Zwecke erfüllen kann'. Als ungenau möchte es aber bezeichnet werden dürfen, wenn an demselben Orte hinzugefügt wird, dass diese sittlichen Grundsätze sich ‚nach den verschiedenen Bedürfnissen der ihn umgebenden Gegenwart modificirt' hätten.[2] Es war vielmehr immer derselbe kategorische Imperativ, der sich jedem geschichtlichen Ereigniss und jeder geschichtlichen Person gegenüber stellte, und wenn man Schlosser eine gewisse Veränderlichkeit in seiner sittlichen Beurtheilung zum Vorwurfe machen wollte, so vergass man, dass er eben auch hierin ein Kind seiner Zeit, der Zeit des vorigen Jahrhunderts, ihrer Philosophie und ihres formalen Sittenprincips war, eines Princips, welches sich mit grösster Leichtigkeit auf die Geschichte anwenden liess und von welchem eine starke, entschlossene Natur so erfüllt sein

---

[1] Besonders zu beachten ist auch die Stelle, Weber 29: ‚In dieser Zeit las ich alle berühmten neueren Historiker von Hume und Rapin an bis auf Heinrich, Schmidt, Voltaire und Johann von Müller. Ich lernte von dem Letzteren zwar sehr viel, konnte jedoch an dem Gekünstelten, an dem Mangel aller Einfalt und Natur, so wenig als an Herder's poetischem Schwulst in den Ideen zur Geschichte der Menschheit je wahres Vergnügen finden'. Wir kommen auf diese Aeusserung besonders mit Rücksicht auf Herder noch mehrfach zurück.

[2] Historische Zeitschrift VIII. 134. Es geht aber viel zu weit, wenn hier ein Vorwurf darin gesehen wird, dass nicht an und für sich das Factum ein Interesse erregen will. Es ist ja richtig: die geschichtliche Thatsache muss den historischen Sinn unbedingt fesseln, aber welches ist denn die geschichtlich fesselnde Thatsache? Hier fängt ja eben der Streit an. Vollends sonderbar ist es aber, wenn auch der Verfasser dieses Artikels eine Seite zuvor auf W. Humboldt recurrirt, der der wahre Anwalt jener Thatsachen allein ist, die durch seine vielgepriesenen Ideen erst consecrirt sind. — Was davon zu denken ist, bemerken wir später.

konnte, dass ihr der Unterschied zwischen der apriorischen Philosophie und der geschichtlichen Erfahrung ganz aus dem Bewusstsein verschwand. Wir sehen diese Erscheinung bei Schiller ebenso wie bei Schlosser, welche beiden, so sehr sie in der Bearbeitung ihres Materiales verschieden sein mögen, doch in Bezug auf ihre Grundanschauungen unmittelbar zu einander gehören. Schiller blieb daneben immer der Dichter, Schlosser der Träger einer vasten Gelehrsamkeit und Lectüre, aber in der Geschichte der Historiographie fallen beide unter die gleichartigsten Gesichtspunkte der Entwicklung und stehen dicht aneinandergeschlossen da. Aus dieser Grundlage des Denkens entspringt es, wenn sich die historischen Dinge in dem Geiste des Geschichtschreibers zu lauter Problemen zuspitzten, welche auf den ersten Blick ganz ausserhalb der historischen Erfahrung und Aufgabe zu stehen scheinen. Auch hier hatte die neuere Beurtheilung eine an sich ganz richtige Beobachtung in der Schlosser'schen Geschichtschreibung zu einem wenigstens nicht allseitig begründeten Tadel benutzt. Es ist ja richtig, dass die Schlosser'sche Lösung historischer Fragen meistens durch Hereintragung von solchen Grössen in die Rechnung gewonnen ist, welche nicht gegeben waren, aber der Fehler lag sicher nicht darin, dass das Problem überhaupt aufgestellt wurde, sondern darin, wie es gefasst und gelöst ward. Dass die Frage erhoben, dass das Verhältniss, in welchem die historische Thatsache zu unserer Einsicht von ihrem Werthe steht, rückhaltslos ins Auge gefasst ist — darin liegt doch sicherlich ein Moment des wissenschaftlichen Fortschritts; dass aber die Werthbemessung nicht Stich hält, dies ist es doch wohl, was zur Besserung auffordert. Es mag später noch gestattet sein, im Hinblick auf Schlosser's besondere Werke diese Dinge weiter und im einzelnen zu erörtern; hier, wo es nur darauf ankommen sollte, die allgemeinen Grundlagen seiner geistigen Natur festzustellen, mag es hinreichen zu bemerken, dass mit einer einfachen Verwerfung und Verdammung jener Schiller-Schlosser'schen Geschichtsauffassung nichts gethan sei, sondern dass es darauf ankommt, den Rechnungsfehler zu finden und ihn wirklich zu verbessern. Wer sich von vornherein auf den Standpunkt stellte, zu sagen, wir Historiker wollen überhaupt alle jene geschichtlichen Abrechnungen nicht, welche die Wissenschaft, angeregt durch die grosse philosophische Bewegung des vorigen Jahrhunderts, heute fordert, der macht sich die Beurtheilung der gesammten neueren Historiographie freilich sehr leicht; er thäte aber vielleicht besser, zu den alten Annalisten zurückzukehren, obwohl man ihm nicht versprechen könnte, dass er nicht auch da von dem sogenannten Subjectivismus, wohl auch von der sichtbaren Hand Gottes und von ähnlichen ausserhalb der geschichtlichen Erfahrung liegenden Dingen fortwährend schwer belästigt werden wird.

Der Fortschritt der neueren Wissenschaft liegt darin, dass sie im Gegensatze zu der theologisch, politisch und social stark unterbundenen mittelalterlichen Geschichtsauffassung alle Fragen des historischen Werdens, so wie die des geschichtlichen Werthes als Probleme behandelt, die erst noch zu lösen sind. **Die begriffliche Veränderung, welche die Philosophie des vorigen Jahrhunderts im ganzen Gebiete der menschlichen Ideen und Handlungen hervorgebracht, ist auch die Grundlage der neueren Geschichtschreibung, und hier ist es Schlosser, der das Verdienst hat, am allerdurchgreifendsten die Beseitigung der alten Vorstellungen der Geschichte an der Hand der Philosophie in praktischer und pragmatischer Erzählung veranlasst zu haben.**[1] Dass man über diese

---

[1] Wie so viele andere Differenzen und Unklarheiten im Gebiete der Historiographie, so herrschen auch die verschiedensten Meinungen darüber, wo die moderne Geschichtschreibung gegenüber der mittelalterlichen Auffassung denn eigentlich einsetzt; und man hört in dieser Beziehung die mannigfachsten Meinungen aussprechen. Man spricht gern von Bossuet, von Giambattista Vico, aber auch von Lord Bolingbroke, von Voltaire. Nach meiner Ansicht liegt ein Fehler darin, dass man eine so allgemeine Erscheinung, wie die moderne Wissenschaftlichkeit durchaus auf einen einzelnen Menschen zurückführen will, eine Angewohnheit, die man eigentlich von der Religionsgeschichte überkommen hat. Weil die Religionen gerne vorgeben, dass sie einen offenbarenden Stifter haben, so ist es in Sachen der Wissenschaft auch üblich geworden, gewisse Dinge immer auf Einen zurückzuführen, während doch jeder nur einer war. In nichts ist diese Zurückführung der Wissenschaften auf ihre Stifter verkehrter, als in Bezug auf die Aufklärungsperiode, wo man noch viel weniger als bei der Reformation von Stiftern und Gründern reden sollte. Es kommt dazu, dass man bei der Geschichtswissenschaft erst noch das charakteristische Merkmal für die moderne Zeit zu bezeichnen hätte. Natürlich

Stellung Schlosser's in der deutschen Historiographie nicht
schon früher in unbefangener Weise eine allgemeinere Verständigung zu erzielen vermochte, liegt zum Theil darin, dass
die Chronologie seiner Werke, seines Lebens überhaupt, nicht
ganz parallel mit der entsprechenden allgemeinen Entwickelung
der Literatur läuft, sondern um einige Jahre zurückbleibt. Indem
er sich in verhältnissmässig späten Lebensjahren zu schrift-
stellerischer Production durcharbeitete, in ungewöhnlich vor-
gerückten Jahren eine akademische Lehrthätigkeit begann und
zur Vollendung seiner Hauptwerke erst in einer Zeit gelangte,
wo auf den Höhen bereits ein sehr verschiedener Luftstrom
herrschte, geschah es, dass man sich über seine Stellung und
Bedeutung nicht leicht zu orientiren vermochte, und dass um
seine Seele gewissermassen ein Kampf zwischen einer älteren
und einer jüngeren Generation der Geister entstand, der zu den
unpassendsten Vergleichungen, zu den unseligsten Missverständnissen führte. Hätte Schlosser's Lebensgang sich nicht einigermassen verspätet, so hätte seine Universalgeschichte in un-
mittelbarem Anschluss an Herder's Ideen erscheinen müssen
und sein 18. Jahrhundert wäre zu der Zeit, wo es im Gedanken
concipirt war, auch nach jeder Richtung hin von epochemachender Bedeutung gewesen. Als seine Werke aber wirklich
erschienen, concurrirten sie bereits mit Erscheinungen von
solchen, die unter anderen Sternen herangewachsen waren.
Wohl aber ist es ganz begreiflich, dass jemand, der die Entwickelung der Historiographie recht lebendig nachempfand und

---

besteht aber auch darin keine Uebereinstimmung, indem einige das Merkmal des modernen Geistes in reinen Aeusserlichkeiten suchen können und
daher den pedantischen Gatterer als Vater der Geschichtschreibung preisen
werden. Sieht man dagegen auf das Innere, so muss man schon andere
Factoren aufsuchen. Was man heute Wissenschaft überhaupt, und im
Besonderen Geschichtswissenschaft nennt, beruht dem Mittelalter gegenüber auf dem Unglauben und auf der Verwerfung der Postulate als wir-
kender Mächte — fasse ich die Geschichte unter diesen Gesichtspunkt,
so weiss ich keinen anderen Einschnitt und Abschnitt zu machen, als
in der Philosophie des vorigen Jahrhunderts überhaupt, und ich verwahre
mich gleich jetzt ein- für allemal gegen den Gedanken, dass ich es darauf
abgesehen hätte, speciell an Kant als den Reformator der Geschichte in
der Weise anzuknüpfen, wie dies etwa übertrieben Buckle mit Voltaire,
Andere mit Anderen gemacht haben.

gewissermassen von der Zeit abstrahirte, indem er den alten Meister immer noch an der Wende des Jahrhunderts stehen sah, ganz erfüllt von der epochemachenden Bedeutung seiner Werke wurde, und den ungeheuern Schritt in der Geschichtswissenschaft mit nichts Anderem vergleichbar finden mochte.

War es unter diesen Umständen nicht eine leicht zu verstehende und beherzigenswerthe Wahrheit, wenn Schlosser's letzte Aeusserungen wie eine Erklärung klangen, dass er die Welt nicht mehr verstände, und wenn er das offene Eingeständniss machte, die moderne Zeit sei ihm und er der Zeit ganz fremd geworden?

Doch kehren wir zurück zum Anfange von Schlosser's geschichtschreibender Thätigkeit und zu seinen ersten Werken. Ganz genau lässt sich zwar nicht ermitteln, wie er zu seinem ‚Abälard und Dulcin' im Jahre 1807 gekommen war, aber dass er durchaus mit philosophischen Studien beschäftigt gewesen, erzählt er in seiner Selbstbiographie. Einige sehr merkwürdige Bemerkungen über das Verständniss des Mittelalters, zu welchem niemand ohne genaue Kenntniss des Aristoteles befähigt sein könne, dürften uns, nach dem früher Gesagten, nicht überraschen, werden aber schwerlich auf den heutigen Betrieb unserer Geschichtstudien des Mittelalters einen sehr grossen Einfluss nehmen.[1] Es kommt uns hier nur darauf an, zu zeigen, wie im Kleinen und Kleinsten sich die Ausgangspunkte der Schlosser'schen Geschichtschreibung nachweisen lassen und wie sie überall auf ihre philosophische Grundlage zurückzuführen sind: Von der Kirchenhistorie und den Scholastikern zu Aristoteles, von Aristoteles zu Abälard. Gewissenhaftigkeit und Ernst wird wenigstens diesem Studiengange

---

[1] ‚Ich hatte mich gerade damals mit der Kirchenhistorie und mit den Scholastikern, neben diesen mit dem Aristoteles, ohne dessen Studium Niemand das Mittelalter und die Scholastiker richtig beurtheilen wird, viel beschäftigt.' Durch diesen Ausspruch allein schon steht Schlosser hoch über dem heutigen allgemeinen Betrieb der mittelalterlichen Geschichtforschung, welche über Otto von Freising Bücher schreibt, ohne auch nur die dunkelste Ahnung von Aristoteles zu haben, der, da er auf der Schule nicht gelesen wird, nach meiner vieljährigen Erfahrung den meisten Studierenden der Geschichte meistens nicht bekannter als Confucius ist.

auch von unseren heutigen sogenannten exacten Forschern des Mittelalters nicht abgesprochen werden können, welche die Idee gewiss recht sehr belächeln mögen, dass man den Aristoteles erst lesen sollte, um Autoren des 12. Jahrhunderts zu behandeln. Für uns mag diese methodische Frage vorläufig offen gelassen werden, das geschichtliche Bedürfniss der classischen Literaturepoche aber war unzweifelhaft philosophischer Natur und speculativen Ursprungs; sich speciell bei Schlosser über diese allgemeine Grundstimmung historischer Denker zu verwundern, hiesse wahrlich einen Beweis der Unkenntniss des literarischen Geistes in Deutschland in der Kantischen und Nachkantischen Epoche geben. Auch die zunächst in Angriff genommenen Arbeiten über Theodor Beza und Peter Martir Vermili tragen das Gepräge eines vorwiegend auf die sittlichen und religiösen Fragen gerichteten Interesses an sich, obwohl Schlosser zu diesem Stoffe nicht auf dem Wege des eigenen Studienganges, sondern durch äussere Anregung gelangt war. Er erhielt durch den Generalsuperintendenten Löffler in Gotha ‚den kostbaren Band handschriftlicher Briefe der Reformatoren', welchem er das bis dahin fast gänzlich unbekannte Material entnahm. Seine theologische Vorbildung machte ihm möglich, den Gegenstand in ausserordentlich kurzer Zeit zu erledigen, seinen Standpunkt bei der Darstellung desselben aber zu begreifen, wird wieder nur dann gelingen, wenn man sich an das lebhafte Eindringen des Kantischen Rationalismus in die Theologie jener Zeit erinnert. So heisst es in der Einleitung zum Beza: ‚Da der positiven Religion und dem positiven oder dogmatischen Theile der christlichen Religion besonders eine gänzliche Veränderung zu drohen scheint, so ist es allerdings jetzt eine ungünstige Periode, um das Andenken an Männer zu erneuern, die im 16. Jahrhundert mit heissem Eifer die reine Bibellehre als einzige göttliche Offenbarung zu vertheidigen und an die Stelle eines leeren Ceremoniendienstes zu setzen sich bemühten'. So bestimmt sich Schlosser selbst nun aber zu einem Gottesglauben bekennt, der sich von demjenigen seiner ‚Glaubenshelden' nicht unwesentlich unterscheidet, so bemüht er sich in diesem frühen Werke mehr, als er es später that, sein eigenes Urtheil über jedes einzelne zurückzudrängen. In der Einleitung beruhigt er sich über die Verschiedenheit seines Standpunktes:

‚Selbst wenn wir glauben, dass die Männer, von denen hier die Rede ist, Dinge verfolgten und suchten, die der Mühe des Verfolgens nicht werth waren, so werden wir uns doch daran erinnern müssen, dass das Ziel des Strebens unserer Zeit, sinnlicher Genuss, gewiss eben nicht mehr werth ist'. Die Darstellung des Buches selbst aber ist von einer von Schlosser's späterer Manier sehr abstechenden Ruhe und Mässigung. Dass ihm dies übrigens im Beza so gut gelang, kam wohl auch daher, weil er sich der Darstellung der verdriesslichsten theologischen Händel, die seiner Auffassung der Dinge sich am stärksten widersetzten, durch einen angenehmen Hinweis auf Planck's Geschichte des protestantischen Lehrbegriffs ein- für allemal zu entledigen verstand.

Ganz anders schon tritt die Natur und Persönlichkeit des Geschichtschreibers in den ‚bilderstürmenden Kaisern' hervor, welche Schlosser noch in seinen späten Jahren gerne als sein bestes Werk bezeichnete. Betrachten wir zunächst die Art der Beurtheilung der Personen, so zeigt sich hier schon die ganze Strenge und Unerbittlichkeit eines fortwährend thätigen Sittenrichteramts. Die ethischen Gesichtspunkte drängen sich in der bekannten Schlosser'schen Manier in den Vordergrund. Wie Leo der Isaurier zurechtgewiesen wird, erinnert an die Strafreden der Geschichte des 18. Jahrhunderts. Es ist das ewig wiederkehrende Richtmaass, welches keine menschliche Handlung ungemessen, ungeahndet lässt. Richten wir aber unsere Blicke mehr auf die allgemeine geistige Atmosphäre, in welcher die Geschichte der bilderstürmenden Kaiser sich bewegt, so mag es vielleicht als ein verwegener Gedanke erscheinen, wenn wir auch in der Auffassung dieser entlegenen Materie Anklänge an die Philosophie des vorigen Jahrhunderts zu hören meinen, doch verdient es erwähnt zu werden, dass Kant in seiner Weise einmal im ‚Streit der Facultäten' auf die Dreieinigkeitslehre und ihre dogmatischen Abwandlungen zu sprechen kommt. In der Abhandlung ‚Religion innerhalb der Grenzen der blossen Vernunft', welche zu dem bekannten scharfen Rescript König Friedrich Wilhelms II. Anlass gegeben hatte, war zuerst der durchgreifende Unterschied von Kirchenglauben und Religionsglauben, die Werthlosigkeit jenes für das ‚Praktische', der absolute Werth von diesem für die Gesellschaft, für den Staat nachgewiesen.[1] Länger als eine Generation hindurch war das Gewissen der philosophischen Facultät — um mit Kant zu

[1] Kant's W. W. Hartenstein, Leipzig 1865—69. VII. 323. Der Streit der Facultäten in drei Abtheilungen. Was Kant in der Abhandlung Religion innerhalb der Grenzen der blossen Vernunft VI. 95, schreibt, muss man ganz lesen, um sich auf Schritt und Tritt in Schlosser's Büchern wiederzufinden. Die ganze Zurückführung der eigentlichen Religionsfundamente auf die Begriffe von gut und böse bildet die Grundanschauung der Schlosser'schen Beurtheilung; er ist daher auch in seinem praktischen Leben ein entschiedener Beförderer von Religion unter der Jugend, obwohl er sich darüber mit Mosche (s. Weber 31) und Eilers (Wanderungen I. 312) nicht verständigen kann. Was die Schlosser'schen Ansichten in Religionssachen betrifft, so macht er einen Unterschied zwischen Kirchenglauben und Religionsglauben und sieht in der Geschichte überall den Uebergang von jenem zu diesem. In der alten Geschichte wie in der neueren setzt seine Auffassung einen Chiliasmus der Herrschaft des reinen Religionsglaubens voraus. Auf Kant's ‚Religion innerhalb der Grenzen' dürfte wohl auch Schlosser's Bekämpfung des Rousseau'schen Princips der Herrschaft des Guten in der Natur und der Verschlechterung durch die Cultur zurückzuführen sein. Ganz im Sinne Kant's hat Schlosser zuerst die bis auf den heutigen Tag fast von allen Historikern gewissermassen heilig gehaltene Antirousseau'sche Ansicht vertreten, dass die Herrschaft des guten Princips auf Erden nur in der historischen Entwicklung begründet sei. Wie sehr nun die Verwerthung der Religionsvorstellungen für die Moral dem Kirchengeschichtschreiber nahe lag, kann man aus einer Vergleichung Schlosser's in den bilderstürmenden Kaisern über die Trinitätsstreitigkeiten mit folgender Stelle im Streit der Facultäten (Kant, W. W. VII. 356) erkennen. ‚Aus der Dreieinigkeitslehre, nach dem Buchstaben genommen, lässt sich schlechterdings nichts fürs Praktische machen, wenn man sie gleich zu verstehen glaubte, noch weniger, wenn man inne wird, dass sie gar alle unsere Begriffe übersteigt. Ob wir in der Gottheit drei oder zehn Personen zu verehren haben, wird der Lehrling mit gleicher Leichtigkeit aufs Wort annehmen, weil er von einem Gott in mehreren Personen gar keinen Begriff hat, noch mehr aber, weil er aus dieser Verschiedenheit für seinen Lebenswandel gar keine verschiedenen Regeln ziehen kann. Dagegen, wenn man in Glaubenssätzen einen moralischen Sinn hereinträgt (wie ich es Religion innerhalb der Grenzen etc. versucht habe) er nicht einen folgeleeren, sondern auf unsere moralische Bestimmung bezogenen verständlichen Glauben enthalten würde. Ebenso ist es mit der Lehre der Menschwerdung einer Person der Gottheit bewandt. Denn wenn dieser Gottmensch nicht . . . . so ist aus diesem Geheimnisse gar nichts Praktisches für uns zu machen, weil wir doch von uns nicht verlangen können, dass wir es einem Gotte gleich thun sollen, ... ein Aehnliches kann von der Auferstehungs- und Himmelfahrtsgeschichte ebendesselben gesagt werden'. Die

reden — durch diese kritische Sonderung eines, wie es schien, sich selbst widersprechenden Begriffs beruhigt. Eine aufrichtige, man könnte sagen, fromme Verehrung für das, was ‚innerhalb der Grenzen der Vernunft' die Religion zu leisten vermochte, und eine scharfe Opposition gegen das, was der Kirchenglaube in seinen Abwandlungen fordert, waren die Resultate dieser Kantischen Lehre in der Grundstimmung der meisten und hervorragendsten Männer der Zeit. Die Entschiedenheit, mit welcher Kant in dem Streit der Facultäten die Werthschätzung der fundamentalsten Glaubenssätze auf ihre Wirkung für das jeweilig Praktische und Moralische zurückführte, ist, wenn man die Geschichtschreibung jener Zeit ins Auge fasst, auf die Urtheile Schlosser's in den bilderstürmenden Kaisern übergegangen.

Was wollte Schlosser mit der Darstellung einer entlegenen Zeitperiode, welche durch den grössten Meinungskampf in der speculativen Dogmatik ausgezeichnet ist, eigentlich gesagt haben? Was war seine eigene Ansicht über die dogmatische Speculation? Charakteristisch genug für ihn ist es, dass er sich fast nie mit der begrifflichen Deduction der streitigen Lehren des 7. und 8. Jahrhunderts lange aufhält; er verweist die Lehre nicht nur aus Bequemlichkeit auf die gangbaren Kirchen- und Dogmengeschichten, es widerstrebt ihm, sich in die Irrgänge der dogmatischen Speculation zu verlieren, aber er vernichtet sie durch die Erzählung der Thatsachen und durch ein rücksichtsloses Urtheil über die handelnden Personen. Wenn man die Geschichte der bilderstürmenden Kaiser auf ihren allgemeinen philosophischen Gehalt zurückführen wollte, so könnte man das Werk vielleicht als den Nachweis bezeichnen, dass der religiöse Lehrsatz an und für sich so gut wie gar keine Bedeutung besitze, sondern dass nur aus dem moralischen Sinne, welcher in die Glaubenssätze hineingelegt und aus dem

---

Verwandtschaft der Ideen Schlosser's mit Kant ist so gross, dass ich übrigens noch vorsorglich die Bemerkung machen muss, dass ich nicht etwa glaube, Schlosser habe einen Satz wie den citirten speciell sich abgeschrieben und immer vor Augen gehalten, als er seine bilderstürmenden Kaiser verfasste; allein um die Fäden handelt es sich in Sachen des Geistes, die von einem zum andern hinüberleiten.

sittlichen Erfolge, der durch ihre Verbreitung gewonnen wird, auf ihren Werth oder Unwerth geschlossen werden kann.

‚Der Glaube an Schriftlehren, die eigentlich haben offenbart werden müssen,‘ so sagt Kant, ‚wenn sie haben gekannt werden sollen, hat an sich kein Verdienst und der Mangel desselben, ja sogar der ihm entgegenstehende Zweifel ist an sich keine Verschuldung, sondern Alles kommt in der Religion aufs Thun an und diese Endabsicht, mithin auch ein dieser gemässer Sinn muss allen biblischen Glaubenslehren untergelegt werden.‘ Und weiter: ‚Nehme ich das Glauben ohne diese moralische Rücksicht blos in der Bedeutung eines theoretischen Fürwahrhaltens, z. B. dessen, was sich auf dem Zeugnisse Anderer geschichtmässig gründet, oder auch, weil ich mir gewisse gegebene Erscheinungen nicht anders, als unter dieser oder jener Voraussetzung erklären kann, zu einem Princip an, so ist ein solcher Glaube, weil er weder einen besseren Menschen macht, noch einen solchen beweiset, gar kein Stück der Religion‘, u. s. w.[1] Ist es nicht auch durch und durch die Grundanschauung Schlosser's in allen religiösen Fragen den moralischen Werth zum Maasstabe ihrer Beurtheilung zu machen? Kann man eine deutlichere Verwandtschaft in geistigen Dingen finden als die zwischen den Schlosser'schen Urtheilen und jenen Kantischen Sätzen? Schlosser selbst, der zur Kenntniss des Mittelalters den Aristoteles für erforderlich hält, würde ohne Zweifel wenig gegen unser Resultat einzuwenden haben, dass zu seinem Verständniss fast überall Kant und seine Philosophie nöthig erscheint.

Hier ist also die Quelle der von Gervinus so oft und so volltönend gepriesenen ‚sittlichen Kritik‘, welcher ‚ganz innerliche mit seinem Charakter tief zusammenhängende Motive‘ zu Grunde liegen sollten. Hätte man sich bemüht, unsern Geschichtschreiber weniger wie einen aus sich selbst herausgewachsenen Baum, als vielmehr wie einen mitten in der Literatur und Bewegung seiner Zeit stehenden Denker zu betrachten, so konnte man sich viel Streit ersparen. Es war ein allgemeiner Vorzug, oder, wie Andere sagen mögen, ein allgemeines Uebel, dass fast alle Gelehrte seiner Zeit in der kritischen Philosophie wie

---

[1] Kant, W. W. VII. 359.

festgewurzelt waren, mit welcher Disciplin der Wissenschaft
sie auch sonst beschäftigt gewesen sein mögen. Auch Schlosser's
zäher, festhaltender und ausdauernder Sinn hielt das, was ihm
jede Ader einst in der Jugend erfüllte, bis in sein spätestes
Alter fest, als in der Philosophie der Andern der kritische
Formalismus, in der Theologie der Rationalismus, in der Jurisprudenz das Vernunftrecht längst überwundene Standpunkte
und in der Geschichtswissenschaft selbst das Hervorkehren
principieller Fragen und kategorischer Urtheile kaum mehr
verständlich gewesen waren. Wenn sich aber mehr als fünfzig
Jahre darnach die Jüngeren über den Mann erzürnten, den sie
sich ‚persönlich als einen mürrischen Sauertopf von klein-
meisterlicher Grämlichkeit' vorstellten, und wenn sie in seinen
Schriften nichts ‚als einen moralischen Splitterrichter' erkennen
wollten, ‚der für die politische Grösse der Menschen keinen
Sinn hat, der über die ausgezeichnetsten Männer der Geschichte
in schnöder Verächtlichkeit abspricht, engherzig und einseitig
alle Gattungen von Verdiensten misskennt, die nicht in die
Linie seiner eigenen Befähigung oder Neigung fallen', so muss
man Gervinus darin beistimmen, dass eine solche Beurtheilung
des Historikers eine sehr oberflächliche und ungerechte war.
Allerdings haben wir ein Recht gegen die Hereintragung von
Principien in die Geschichtswissenschaft Einsprache zu erheben,
welche nicht aus den erkennbaren Thatsachen der Geschichte
fliessen, allerdings musste sich die Geschichte als Wissenschaft
ebenso dagegen sträuben in einem heimlichen Dienstverhältniss
zur kritischen Philosophie zu stehen, wie sie noch kurz vor
jener Epoche die Fesseln theologischer Voraussetzungen gewalt-
sam zu durchbrechen suchte, aber die gewonnene Einsicht in
das Wesen Schlosser'scher Geschichtschreibung sollte uns um
so vorsichtiger und sorgfältiger in der Ueberlegung dessen
machen, was eigentlich sein Fehler war, worin der Irrthum
lag und wo die Besserung zu suchen wäre. Denn das wird
man doch dem Historiker im Ernste nicht zum Vorwurf machen
wollen, dass er seine Wissenschaft von Principien getragen
glaubt, dass er ein Maass für das Urtheil über Menschen und
Dinge anstrebt, dass er eben alles das sucht, was die Wissenschaft erst zur Wissenschaft macht. Es ist wahr, dass uns
hiebei die Anwendung irgend eines fertigen Systems, die blosse

Application anderweitig geformter Begriffe wenig nützen kann, aber haben wir denn ein Recht, uns gar so hoch über jene Irrthümer erhaben zu dünken, sind wir mittelst unseren neueren Methoden zu einer besseren Lösung der grossen Probleme der Geschichtswissenschaft gelangt, oder soll darin der gepriesene Fortschritt liegen, dass Einige glauben, die Geschichte in ein Lexikon antiquarischer Merkwürdigkeiten auflösen zu sollen?

Es mag uns gestattet sein, später noch einmal auf diese Dinge zurückzukommen; wollen wir hier die Betrachtung von Schlosser's eigenster Entwickelung und Leistung nicht allzusehr unterbrechen, so ist zunächst nach einer anderen Seite ein Blick auf den Stand der historischen Literatur gegen Ende des vorigen Jahrhunderts, zu werfen. Wenn sich in den ersten selbstständigen Werken Schlosser's, Probleme religiöser und dogmatischer Art mit Vorliebe behandelt finden, so trat die Frage, wie er sich zu den universalhistorischen Systemen verhalte, um so bestimmter an ihn heran, je mehr er sich auch äusserlich und berufsmässig dem historischen Fache zuwandte.

II.

Schon im Jahre 1815 veröffentlichte Schlosser den ersten Band seiner ‚Weltgeschichte in zusammenhängender Erzählung‘, mit welchem er in die Reihe der sogenannten Universalhistoriker eintrat. Mit der Idee zu diesem Werke, scheint er sich sehr lange getragen zu haben, und es wäre sehr schwer zu sagen, ob dieselbe mehr der Anregung ihren Ursprung verdankte, welche Schlosser unmittelbar noch in Göttingen von Schlözer und Spittler empfangen, oder jener Richtung auf das allgemein Menschliche, welche in der von ihm so sehr bevorzugten Philosophie und Literatur jener Zeit vorherrschte. Nur so viel wird man sofort zugestehen müssen, dass jene älteren Universalhistoriker auf Schlosser gar wenig Eindruck gemacht hatten, und dass er nicht ohne Grund in seinen weltgeschichtlichen Darstellungen beständig wiederholte, es sei nicht seine Absicht das ‚Bekannte‘, von anderen oftmals Erzählte, abermals vorzutragen. Dass er sich über sein Verhältniss zu Johannes von Müller ungern oder gar nicht auszusprechen pflegte, erschwert es uns die Anknüpfungspunkte seiner welthistorischen Arbeiten sicherzustellen, aber dass ihm die sämmtlichen vorhergegangenen Weltgeschichten nicht genügten, dass er nach einer grösseren Vertiefung strebte, dass er die Ideen der Entwickelung ernster aufsuchen zu müssen meinte, kann keinen Augenblick verkannt werden.[1]

So lange die Vergangenheit überhaupt zum Gegenstande von Darstellungen gemacht worden ist, gingen im Grunde genommen, stets zwei Richtungen neben einander durch die Literaturen aller uns näher stehenden Völker. Die eine suchte ihren Schwerpunkt mehr in den gesellschaftlichen Verhältnissen, in den staatlichen Momenten der nächststehenden Völker oder in der nationalen Ueberlieferung, wo Nation und Staat sich irgend identificiren liessen, die andere Tendenz dagegen war universell, ging auf die Erkenntniss dessen, was der beschränkte Gesichtskreis Menschheit und Welt nannte und suchte die bekannten Ereignisse dieser Welt und dieser Menschheit unter einheitlicheren Gesichtspunkten zu fassen. Die sogenannte römische Weltmonarchie, die Selbsttäuschung des Christenthums als einer eingebildeten Weltreligion und die humanitären Ideen des

---

[1] Hier wäre der Platz, über das Verhältniss Schlosser's zu Johannes von Müller zu reden, worüber jedoch ausser der Stelle vgl. Note Seite 15 keine sicheren Anhaltspunkte vorliegen. Was Johannes von Müller's Stellung in der Historiographie überhaupt anbelangt, so hat Büdinger, Ueber Darstellungen der allgemeinen Geschichte, insbesondere des Mittelalters, Müller gleichsam als den Schlusspunkt der universalhistorischen Entwicklung bezeichnet. Ich bin nun nicht sicher, ob die 24 Bücher ohne eingehende Berücksichtigung Voltaire's zu verstehen wären. Darin aber stimme ich wie ich vermuthe, mit Büdinger überein, dass nach einer Seite der Betrachtung, nämlich in Bezug auf die räumliche Auffassung der Weltgeschichte Müller in eine ganz andere Reihe gehört als Schlosser, und dass er in Bezug auf den universalhistorischen Begriff viel vorsichtiger und gemässigter war als Schlosser. Man darf auch nicht ausser Acht lassen, dass er seinem Buch sehr verständig anfangs den Titel les époques de l'histoire politique des principales nations gegeben hatte, wie denn auch der schliessliche Titel nur von der ‚europäischen Menschheit' spricht. Ohne dass ich hierin gerade einen beabsichtigten Gegensatz gegen die universalhistorische Theorie der Anderen erblicke, scheint mir doch anzuerkennen, dass sich Johannes von Müller klug genug durch das modern gewordene Stichwort von der allgemeinen Menschheit nicht verblenden liess.

vorigen Jahrhunderts mussten die letztere — die universelle Richtung in der Geschichtschreibung — jeweils zu neuer Blüthe und Förderung bringen und brachten bekanntlich die mannigfaltigsten Systeme der geschichtlichen Entwickelung der stofflichen Eintheilung und der historischen Auffassung zu Tage. Unter dem Drucke theologischer Weltweisheit waren die Weltmonarchien decretirt und demgemäss die Weltchroniken entstanden. Die theologische Facultät beherrschte die Weltgeschichte mit jener siegesgewissen Beschränktheit, welche Jahrhunderte lang nicht einmal die Ahnung aufkommen liess, wie gross die Welt und wie unbekannt den Menschen die Weltgeschichte war. Allein die philosophische Facultät — um bei Kantischer Terminologie zu bleiben — begann ihren Streit, und die dauernde Ueberwindung des mittelalterlichen Begriffes der Weltgeschichte gelang, wie männiglich bekannt ist, in Göttingen. Dass aber die beiden grossen Lehrmeister, vor deren Kanon in Bezug auf Eintheilung und Ausdehnung des weltgeschichtlichen Stoffes noch unsere heutige kritische Jugend sich ehrerbietig verbeugen muss, im Grunde doch nur ein sehr äusserliches Werk vollbrachten und die in der philosophischen Facultät aufgekommenen Zweifel und Fragen in keiner Weise befriedigend und vollständig lösten, war auch die Meinung Schlosser's, und was ihm so gut wie der ganzen jüngeren Generation gegenüber den alten Göttingern missfiel, lässt sich vielleicht am besten in den Satz zusammenfassen, den Wilhelm von Humboldt ausspricht: ‚Der Geschichtschreiber umfasst alle Fäden irdischen Wirkens und alle Gepräge überirdischer Ideen‘. Vielleicht wird eine genauere Vergleichung der weltgeschichtlichen Darstellungen Schlossers mit denen Schlözer's zu noch bestimmteren Ergebnissen führen.

Betrachten wir zunächst die Einwirkung Schlözer's auf den Gang der Geschichtschreibung, so dürfte man gestehen, dass er beinahe alle Gesichtspunkte angedeutet hat, welche als Aufgaben universalhistorischer Darstellungen nach ihren äusseren Merkmalen bis auf den heutigen Tag gelten.[1] Wir halten es

---

[1] Auf die Frage: Was in die Universalgeschichte gehört, antwortete Schlözer wirklich mit dem unbesonnenen Wort, das alle Universalhistoriker bis auf den heutigen Tag in ihren Einleitungen wiederholen: ‚Alle Völker der Welt‘. ‚Ohne Vaterland, ohne Nationalstolz verbreitet sie sich über alle Gegenden, wo gesellschaftliche Menschen wohnen und überschaut mit

in dieser Beziehung für richtig, dass er ein Begründer der neuen deutschen Geschichtschreibung genannt wurde, doch ist eine Einschränkung dieses Titels nöthig. Die Richtung, welche als Staatsgeschichte neben der universalhistorischen auch in Deutschland vorhanden war und in Göttingen vorzugsweise in Pütter Vertretung fand, hatte durch Schlözer wenig oder keine neuen Gesichtspunkte erhalten. Was man zu seinem Lobe in Bezug auf die historische Kritik sagen wollte, entbehrt durchaus der Begründung, denn was auf diesem Gebiete seit Mascow — von Leibnitz gar nicht zu reden — gleichsam kanonisch feststand, müsste als viel epochemachender gelten, wie das, was Schlözer in dieser Beziehung hinzufügte. Begründend war also

> weitem Blick die ganze Bühne, auf welcher jemals Rollen gespielt worden sind. Jeder Welttheil ist ihr gleich. Nicht vier Monarchien, aus etwa dreissig anderen ärmlich herausgeschieden, nicht Volk Gottes, nicht Griechen und Römer beschäftigen sie mit Prädilection. Sie weidet ihre Neugier so gut am Hoangho und Nil, als an der Tiber und Weichsel'. Dagegen ist Schlözer in Bezug auf den Anfang seiner Universalgeschichte noch sehr bescheiden im Vergleich mit der von Schlosser gepflegten Richtung, da er wenigstens die ‚verzeichnete Ueberlieferung' als Grenze der Geschichte ansetzt. Sehr marktschreierisch geht er aber in Bezug auf den Umfang dessen zu Werke, was als Aeusserung menschlicher Thätigkeit angeblich eine der politischen Geschichte gleichgestellte Bedeutung in Anspruch nimmt: Nach seiner Ansicht ist die Universalgeschichte eben so sehr Staats- als Kunstgeschichte, Handels- wie Gelehrtengeschichte und beschäftigt sich auch mit den Veränderungen und Verhältnissen der Natur, sofern hiedurch das Leben der Menschen berührt wird. Man muss übrigens bemerken, dass Schlözer in der praktischen Anwendung der letzteren Dinge sehr verständig im besten Sinne realistisch zu Werke geht und heute noch als Muster gelten kann. Dass er aber auch da den Umfang der Weltgeschichte theoretisch mehr ausstopft, als er halten konnte, lag eben in den universalhistorischen Vorstellungen seiner Zeit. Vgl. übrigens Wesendonck, Die Begründung der neueren deutschen Geschichtschreibung S. 165 ff. Wie man aber in diesen rein äusseren Dingen der Geschichtschreibung die Begründung der neueren deutschen Geschichtschreibung sehen mag — und in einem — vom Standpunkte der allgemeinen Literatur betrachtet — als ein Geist sechsten oder siebenten Ranges dastehenden Gelehrten, wie Gatterer den Begründer unserer heutigen Historiographie sehen will, beweist, wie unendlich bescheiden, vom allgemeinen literarischen Standpunkt, der heutige Historiker von sich denkt. Es ist übrigens schade, dass das lehrreiche Buch von Wesendonck in einer so wenig gerundeten Form erscheinen konnte, zahllose Wiederholungen enthält und aus verschiedenen Theilen zusammengesetzt ist.

Schlözer durchaus nur in Betreff der äusseren Eintheilung des weltgeschichtlichen Stoffes. Eine noch grössere Erweiterung des Horizonts in Hinsicht der räumlichen Ausdehnung des Begriffes wird bei keinem späteren Schriftsteller bis jetzt aufzufinden sein. Auch Johannes von Müller und Schlosser folgen dem von Schlözer aufgestellten Schema in Ansehung der räumlichen Vorstellungen von Weltgeschichte ziemlich treu.[1] Aber sie hatten das Bedürfniss auch für die zeitlichen Momente des Begriffs der Weltgeschichte zu einem einheitlichen Gedanken vorzudringen, und die Schicksale der sogenannten gesammten Menschheit in ihrem nacheinander unter eine ‚höhere Idee' zu bringen.[2] Diese höhere Idee konnte selbstverständlich nicht aus der überwundenen theologischen Facultät, sie konnte wieder nur — um bei Kant's Sprachgebrauch zu bleiben — aus der philosophischen Facultät entstammen. Und hiemit sind wir denn wieder bei jenen Quellen Schlosser'scher Geschichtschreibung angelangt, welche ihm aus den ganz allgemeinen Vorstellungen und Principien der Literatur seiner Zeit flossen, und welche —

---

[1] Für seine Excerpte hatte Johannes von Müller wirklich die von Schlözer vermutheten dreissig Monarchien der Weltgeschichte in Anwendung gebracht. Was den Umkreis der alten Völker betrifft, so ist er bei Johannes von Müller enger als bei Schlözer, bei Schlosser weiter als bei diesem. Im Wesentlichen schliesst sich Johannes von Müller's universalhistorischer Begriff enger an die Systeme der mittelalterlichen Weltgeschichte als Schlözer's und Schlosser's.

[2] Was Johannes von Müller betrifft, so wird man freilich darüber streiten, ob er sich wirklich zu denen zählen lasse, welche einen einheitlichen Gedanken in der Aufeinanderfolge der herrschenden Mächte vertreten. Büdinger a. a. O. hebt die Worte hervor, welche das Gegentheil zu beweisen scheinen: ‚Die Blätter der Annalen der Menschheit sind mir alle gleich wichtig, und bin ich mit meiner Betrachtung allein bei dem unsichtbaren Führer aller Dinge, die im Himmel und auf Erden sind'. Also doch ein Führer! Betrachtet man ausserdem Müller's Versicherung am Ende: ‚So unvollständig das Geheimniss und die Natur der grössten Revolutionen und ihrer Verkettung in diesem Geschichtbuch, so sichtbar leuchtet höhere Leitung hervor, so kann kein Zweifel sein, dass auch Müller über den blossen sogenannten Pragmatismus hinaus wollte. Wenn er von der ‚Entwickelung inwohnender Fähigkeiten' spricht, so ist er mit halbem Fuss doch auch bei jenen, welche dem ‚unerforschlichen Plan' eine Art von Chiliasmus zu Grunde gelegt haben, d. h. Ideen voraussetzen, welche sie nicht empirisch nachzuweisen vermögen und daher von anderswoher als aus der Geschichte genommen haben.

wie wir seinen Tadlern gerne zugestehen — eigentlich nicht historischer, sondern philosophischer Natur sind.[1]

Hören wir, was Schlosser selbst von den Aufgaben der Weltgeschichte sagt. Er sprach sich darüber am eingehendsten in der Umarbeitung des ersten Bandes der Weltgeschichte in zusammenhängender Erzählung aus, welche er unter den Titel ‚Universalhistorische Uebersicht der Geschichte der alten Welt und ihrer Cultur' herausgab. Bemerkenswerth ist hier vor allem, dass er die Universalhistorie geradezu in einen Gegensatz gegen die Weltgeschichte stellt und damit eine Forderung für die erstere aufstellt, von welcher bei Schlözer keinerlei Ahnung sein konnte, und welche, so viel ich sehe, zum ersten Male in dem Streite zwischen Schlözer und Herder zu Tage gekommen war.[2] Schlosser seinerseits sagt: ‚Wir setzen den Ausdruck Universalhistorie, dem der Weltgeschichte hier gewissermassen entgegen, denn wir verstehen unter dem ersteren die Geschichte der Menschheit als ein zusammenhängendes Ganze betrachtet, unter dem letzteren aber die Geschichte der einzelnen Völker nach der Zeitfolge geordnet. Zu erforschen, was in jeder Zeit geschehen ist, die Ursache warum und die Art wie es geschehen, der Nachwelt aufzubewahren, oder aus der Masse des Aufbewahrten das seinem Urtheile nach für seine Zeit Brauchbare zusammenzustellen, ist das Geschäft dessen, der die politische Geschichte schreibt und seine eigenen Ge-

---

[1] Ueber die Einwirkung Kant's auf die universalgeschichtliche Auffassung verweise ich hier, wo ich nicht eine volle Geschichte der Historiographie schreiben kann, auf Tomaschek, Schiller S. 122. Hier will ich nur noch bemerken, dass von Kant's fundamentalem Satz: ‚Alle Naturanlagen eines Geschöpfes sind bestimmt, sich einmal vollständig und zweckmässig auszuwickeln' Idee zu einer allgemeinen Geschichte in weltbürgerlicher Absicht. W. W. IV. 144 sowohl Schiller wie Schlosser ausgingen und auch Johannes von Müller heimlich die Voraussetzung einer solchen Bestimmung, ‚Naturabsicht', göttlichen Leitung u. s. w. macht.

[2] Herder hielt Schlözer's Ansicht von der Weltgeschichte für roh; er verlangte, dass eine Auswahl der Völker, welche in der Geschichte der Menschheit von Bedeutung wären, nach jenen Gesichtspunkten geschähe, die sich auf die religiösen und sittlichen Ideen gründeten. Nach Schlözer spielten die Juden in der Weltgeschichte eine traurige Rolle, nach Herder sind sie natürlich der universalhistorische Sauerteig. Ueber den Streit selbst ist Schlözer's zweiter Theil der Vorstellung einer Universalgeschichte zu vergleichen.

danken so wenig als möglich einzumischen, sein höchstes Gesetz. Wer aber die Verbindung des Einzelnen mit dem Ganzen zeigen, einen Gedanken durch seine ganze Erzählung durchführen will, der muss seine eigene Meinung aussprechen, er muss darauf verzichten aus Urkunden, Nachrichten, Denkmalen, dasjenige enthüllen zu können, was seiner Natur nach nur errathen nicht bewiesen werden kann'. Hebt Schlosser solchergestalt den Universalhistoriker weit über den realen Boden rein geschichtlicher Thatsachen hinaus, so wird es keine Verwunderung mehr erregen, dass er ohne Einführung des Gottesbegriffes diese grosse und schwere Materie der Menschheitsentwickelung nicht zu erklären vermag. Ganz abgesehen davon, dass nun vielen der an die Spitze gestellte Gottesbegriff nicht eben von übermässiger Klarheit erscheinen dürfte, so zeigt sich in dem Versuche die Menschheitsgeschichte bis auf ihre Wurzeln zurückzuführen zugleich eine Aufgabe, welche schon an und für sich und aus äusseren Gründen der Forschung von einem Manne kaum zu erfüllen sein dürfte. Man sieht, dass Schlosser die Forderungen Schlözer's erheblich verschärfte; dieser setzt der Geschichtswissenschaft eine Grenze in der Ueberlieferung — was nicht überliefert ist, sagt er, gehört nicht zur Weltgeschichte, — jener meint, den Menschheitsbegriff allerdings etwas consequenter festhaltend, Geschichte der Menschen knüpfe an die Kenntniss des Menschen, an die Geschichte des Weltsystems, Sonnensystems, der Planeten und der Natur der Erde. ‚Dies fühlten‘, fügte Schlosser bezeichnend für seinen Standpunkt hinzu, ‚Herder[1] sowohl als Buffon‘. Und in der That

---

[1] Zusammengehalten mit dem früheren Ausspruche Schlosser's (Note Seite 15) über Herder wäre der Einfluss dieses auf jenen erst noch näher festzustellen. So viel ist sicher, dass sich Schlosser fortwährend gegen Herder's Ideen sträubte, nichts aber ist bezeichnender, als dies, dass er äusserlich sich ganz den Ideen zur Geschichte der Menschheit angeschlossen und nicht nur bei der naturwissenschaftlichen Einleitung, sondern auch in der Systematik der Völker genau denselben Gang befolgt hat. Was Herder II. Theil IV. über die Organisation der afrikanischen Völker hat, bringt Schlosser unter dem specielleren Titel Aethiopien; nachher folgt, wie bei Herder, China und Japan dann Indien vgl. Herder III., 11, Babylon, Assyrien, Persien, Medien, Juden, Phönicien, Aegypten, III., 12. bei Herder u. s. w. Hiemit kann wohl auch hier über den Zusammenhang kein Zweifel sein, nur ist es ja

mit gutem und bewundcrungswürdigem Muthe baut unser Universalhistoriker gleich selbst die Oberfläche unserer Erde vor unsern Augen auf, behandelt die Abstammung des Menschen, seine Affenverwandtschaft, seine Verbreitung über die Erde, seine Arten und Racenspaltung und alles Uebrige, was heute in mehreren grossen Zweigen der Wissenschaft als eine Domäne der Naturforschung betrachtet wird und eines ganzen Mannes Lebensarbeit gemeiniglich für sich selbst in Anspruch nimmt. Philosophie und Literatur des vorigen Jahrhunderts lebten noch in der naiven Zuversicht, dass es mit Zuhilfenahme Buffon's möglich sei, über Fragen dieser Art zu einem selbstständigen Urtheil zu gelangen. Sömmering genoss zu Schlosser's Zeiten vielleicht mit Recht ein solches Ansehen, dass ein Universalhistoriker hoffen durfte an der Hand dieses Gelehrten sich mit den Naturwissenschaften auf einen halbwegs freundschaftlichen Fuss zu stellen. Der Frage der Abstammung der Menschen und ihrer Verwandtschaft mit den Affen waren weder Kant noch Herder aus dem Wege gegangen. Schlosser hoffte mit Hilfe des heute vermuthlich bei Seite gelegten Buches des Holländers Doornik (1808) sich leidlich über diese Dinge orientiren, und Einiges bemerken zu können, was damals ein gutes Zeugniss von der Ausbreitung seiner Lectüre und Gelehrsamkeit abgeben mochte. Was hat sich Herder im Gebiete der Naturwissenschaften zugetraut, um seine Ideen zur Geschichte der Menschheit zu entwickeln;[1] musste es nicht als ein abenteuerliches Unternehmen erscheinen, Hypothesen auf Hypothesen zu häufen und dies nachher als Geschichte der Menschheit auszugeben? Damals aber nahm Kant keinen Anstoss an den naturwissenschaftlichen Hypothesen des grossen theologischen Literaten, er polemisirte vielmehr gegen den

---

richtig, dass Schlosser Herder in die Bahnen der Humanitätsideen nicht vollständig folgte.

[1] In manchen Dingen sollte unsere heutige Welt nie vergessen, dass die Aufklärung des vorigen Jahrhunderts immer wieder unsere Bewunderung erregt. Ist es nicht merkwürdig, wie der als fromm verschrieene Herder die Affenfrage mit einer Ruhe behandelt, die man heute manchem weltlichen Mann wünschen könnte. Auch die Bemerkung Herder's gegen die Abstammungstheorie, dass die dem Affen am ähnlichsten sehenden Menschen in Ländern wohnen, wo es nie Affen gegeben hat u. dgl. m. ist beachtenswerth.

Theil der Herder'schen Ausführungen, die auf unsichere Erfahrungen ein metaphysisches Gebäude errichten wollten.[1]

Es mag heute nicht mehr am Platze scheinen, Schlosser nach dem zu beurtheilen, was er als Begriff der Universalhistorie aufstellte, so viel ist aber gewiss, dass wir die Fäden seines Denkens greifen können, und dass sein ganzer Standpunkt aus einer Literatur erklärt werden muss, welche der Zeit nach in seine erste Jugendepoche fällt. Wenn wir aber heute nach einem Jahrhundert die bei weitem grösste Zahl der Fachgenossen den Stab über Schlosser's Geschichtschreibung brechen sehen, so ist die Frage berechtigt, ob wir eigentlich über den Standpunkt des vorigen Jahrhunderts in Betreff dessen, was unter Universalgeschichte zu verstehen sei, wesentlich hinausgekommen sind. Man braucht nur ein Dutzend Lehrbücher der Weltgeschichte unserer Tage, die Revue passiren zu lassen, um sich zu überzeugen, dass allen ohne Ausnahme die übliche Definition des Begriffs der Universalgeschichte gedankenlos anhaftet, wie sie von Schlözer auf die Bahn gebracht, von Kant und Herder erweitert und im Sinne des letzteren von Schlosser wesentlich verschärft worden ist. Alle diese Geschichtschreiber, aus denen Jugend und Alter meistentheils ihre historische Bildung ziehen, versichern uns, dass sie die Menschheit und ihre Entwickelung zum Gegenstande der Darstellung und Mittheilung gemacht hätten, alle wissen in irgend einer oder der anderen Form von den Plänen zu erzählen, welche Gott mit der Menschheit vorhatte und die sich in deren Geschichte verwirklichten.[2] Die meisten stehen

---

[1] Kant's Kritiken von Herder's Ideen W. W. IV. 171 gehören zu den lesenswerthesten Streitschriften des vorigen Jahrhunderts. Die prächtige Art, wie er Herder über dessen Betrachtungen von der Kugelgestalt der Erde ironisirt u. dgl. m. ist höchst ergötzlich zu lesen. Zugleich zeigt aber die Recension, dass Kant die Idee des unaufhörlichen Fortschreitens der Gattung durchaus nicht weltgeschichtlich so sicher annahm, als es nach seinem achten Satze der Idee zu einer Weltgeschichte angenommen werden könnte.

[2] Unter vielen schönen Definitionen, von denen die weltgeschichtlichen Compendien erfüllt sind, erwähle ich zum Exempel eine, welche so lautet: ‚Die allgemeine oder die Weltgeschichte umfasst das ganze menschliche Geschlecht. (?) Sie erzählt nämlich (!), durch welche Schicksale, Begebnisse und Thaten jenes unter der Leitung Gottes seiner Bestimmung, d. i. der immer vollkommeneren Ausbildung seiner geistigen Kräfte und

heute noch auf demselben inhaltsleeren Standpunkt, auf welchem Herder es als ein grosses Resultat betrachtete, wenn er behaupten konnte: ‚Das Werk der Vorsehung geht nach allgemeinen grossen Gesetzen in seinem ewigen Gange fort‘.[1]

Aber auch seinem äusseren Umfange nach ist der Begriff der sogenannten Menschheitsgeschichte seit Schlosser kaum mehr einer ernstlichen Revision unterzogen worden. Wenn man davon absieht, dass einige moderne Universalhistoriker das Capitel der ‚urweltlichen Zeit‘ um einige Pfahlbauhistorien erweiterten, so fängt die Weltgeschichte fast noch überall, wie in Schlosser's Werken mit den Aethiopen an und wandert auf einer sehr verschiedenen Stufenleiter von Bevorzugung und Zurücksetzung der Völker nach den wohlbekannten naheliegenden Ländern, um endlich in den modernen Culturstätten eine vertraute und heimatliche Basis lang ausgedehnter Erzählungen zu finden. An eine dürftige schematische Ethnographie der über den weitaus grössten Theil der Erde verbreiteten Menschheit schliesst sich die staatsgeschichtliche Erörterung unserer europäischen Vergangenheit mit dem Anspruche eines für die Menschheit allein und ausschliesslich massgebenden Werthes in behaglichster Breite an. Unsere Weltgeschichte steht noch immer wie zur Zeit des Eusebius auf rein subjectivem Standpunkt und nimmt den Begriff der objectiven Menschheit dafür in Anspruch. Man wagt heute zwar nicht mehr, wie Schlosser, da er zu Indien gelangt, die naive Bemerkung: ‚wir können uns begnügen über die eigentliche Geschichte hinwegzuschlüpfen‘, aber wer nur einigermassen in der Oekonomie der universalhistorischen Darstellung, Gerechtigkeit walten lassen wollte, der müsste doch gestehen, dass die Menschheit jenseit des Indus und Ganges gar wenig berücksichtigt wird. Vom Standpunkte der menschheitlichen Entwickelung wird man gewiss nicht läugnen können, dass die der Zahl nach grössere Hälfte

---

sittlichen Anlagen, als ein Ganzes stets näher kam‘. Man sieht, es ist immer die Kantische Naturabsicht mit dem von Schlosser noch obendrauf gesetzten persönlichen Gott, der aber auf besonderes Verlangen in vielen anderen weltgeschichtlichen Schulbüchern auch wegbleiben kann, ohne dass sich dadurch viel Wesentliches an der Definition und noch viel weniger an dem Inhalt des Buches und der Weltgeschichte verändert.

[1] Herder, Ideen III., 14 am Schluss.

der Menschen, welche den Culturentwickelungen des Buddhismus folgte, entschieden das gleiche Recht historischer Beachtung finden müsste, wie die geringere Zahl der Völker, die dem Christenthume angehört, und doch existirt bis auf diesen Tag noch keine einzige Weltgeschichte, welche auch nur ein tiefergehendes Interesse, eine ernsthaftere Einsicht in die welthistorische und philosophische Bedeutung der grossen welterobernden Religion des östlichen Asiens vermitteln würde.[1] Wenn Schlözer behauptete, dass die Weltgeschichte ‚ihre Neugierde so gut am Hoangho und Nil, als an der Tiber und Weichsel weidet‘, so ist dies ein schöner Satz, der gleichwohl weder von Schlosser noch von irgend einem seiner universalhistorischen Nachfolger zur Wahrheit gemacht worden ist. Nach wie vor ist alles das was die Weltgeschichte für die Vergangenheit der Menschheit zu leisten verspricht nicht viel mehr als eine Phrase, und muss mit jeder neuen Entdeckung, welche im Gebiete der Sprachwissenschaften, im Gebiete der Geographie und Ethnographie gemacht wird, in immer grösserem Maassstab leere Phrase bleiben. Eine die Menschheit erschöpfende Universalgeschichte ist für jeden einzelnen ein frommer Wunsch seiner Erkenntniss, eine Befriedigung in grossem Sinne wird hierin ein Sterblicher so wenig zu erlangen fähig sein, als jemandem gelingen mag den gesammten Umfang alles menschlichen Wissens und aller menschlichen Erfahrung in sich zu vereinigen und aufzunehmen. Denkt man noch ausserdem daran, die Menschheit in dem ganzen Umfange ihrer Thätigkeit, in dem ganzen Umfange ihres Könnens, Wissens, Schaffens zu erfassen und den Forderungen gerecht zu werden, welche sich aus dem Causalzusammenhang der Ereignisse in Hinsicht auf die Culturentwickelung ergeben, so wäre zur Darstellung der Universalgeschichte ein Wissen nöthig, welches alle einzelnen Wissenschaften in sich begreift, und es gäbe dann überhaupt nur Eine Wissenschaft, die Wissenschaft von dem was die Menschheit überhaupt erlebt, erforscht, erfahren und geleistet hat. So sehr man nun auch ein solches

---

[1] Man muss es den Herren von der Universalgeschichte bei jeder Gelegenheit ins Gedächtniss rufen, dass Schlagintweit 341 Millionen Buddhisten berechnet und die besten Berechnungen für das Christenthum auf 320 bis 330 Millionen lauten. Wo ist also die Menschheit unserer Geschichtsbücher.

Wissen als ein Ziel des Strebens betrachten möchte, so leuchtet
doch ein, dass damit ein Princip nicht gewonnen wäre, welches
die Wissenschaft der Geschichte als solche zu begrenzen fähig
wäre und einen Unterschied zwischen den Aufgaben der Geschichte und denjenigen anderer Wissenschaften constituiren
könnte. Wie man also auch den Begriff der Weltgeschichte
zeitlich und räumlich fassen würde, so müsste doch schon, um
seine Grenzen gegenüber anderen Wissenschaften zu erkennen,
ein Moment herangezogen werden, welches die Aufgabe specieller
und in Absicht auf eine besondere Erkenntniss menschlicher
Verhältnisse und Zustände kennzeichnet. Bei der praktischen
Uebung und Anwendung ist denn auch wirklich der Geschichtschreiber gemeiniglich nicht im Zweifel, welchen Erscheinungen
des Lebens er seine vorzüglichste Aufmerksamkeit zuzuwenden
hat; ohne ein Bedenken findet er in den gesellschaftlichen oder
politischen Momenten die Merkmale für die entsprechende Begrenzung seiner Forschungen und Darstellungen.

In Wahrheit ist es fast ausschliesslich der Staat, dem der
Geschichtschreiber seine Aufmerksamkeit zuwendet und den er
mit Recht als das besondere Gebiet seiner Wissenschaft betrachtet. In der gesellschaftlichen Erscheinung des Staates
findet der Historiker das sachlich begrenzte Forschungsprincip,
welches ihm es möglich macht, seine Aufgabe von der Aufgabe
anderer Wissenschaften zu sondern. In der Wirklichkeit wird
sich auch kein Historiker darüber beunruhigen, dass er
neben anderen Aeusserungen der menschlichen Entwickelung
von der höchsten geistigen Leistung der Menschheit, von der
Geschichte der Sprache, gemeiniglich nichts oder sehr wenig
erzählt, in Wirklichkeit war, ist und bleibt der Historiker
eben ein Erzähler von dem, was die Menschheit in ihrem staatlichen Leben oder noch richtiger, was in einer ganz bestimmten
Anzahl von gesellschaftlich höher entwickelten Staaten auf der
jeweils bekannten Erde vor sich gegangen ist. In der Theorie
aber, in der Wissenschaftslehre der Geschichte will man diese
wirkliche Leistung nicht bescheiden zugestehen, man verspricht
mehr, man wird aus lauter Wissenschaftseifer höchst unwissenschaftlich und kann sich von einem veralteten, ursprünglich der
Bibel entnommenen, vom Christenthume verschärften Irrthume
über den Begriff der Menschheit doch nicht losmachen. Was

also Schlözer theoretisch begründete, was von Kant, Schiller, Herder, Schlosser als universalgeschichtliche Aufgabe verstanden und entwickelt wurde, ist heute in der praktischen Werkstatt der geschichtlichen Arbeit meist mit Recht über Bord geworfen worden und wird kaum mehr auferstehen. Widerspruchsvoll in sich selbst sind unsere heutigen sogenannten Weltgeschichten nichts anderes als ein Conglomerat von sehr verschiedenen Wissenschaften, indem sie zu einem Theile eine Länder- und Völkerkunde, zum anderen die Staatsgeschichte willkürlich auserwählter Völker in einer ungleichmässigen und von der zufälligen Kenntniss des Individuums dictirten Weise aneinanderreihen.[1]

[1] Nur erwünscht erscheint uns für diese Betrachtung der soeben erschienene Vortrag von Du Bois-Reymond. Deutsche Rundschau IV. 2. 230. Denn von unserem Standpunkt ist nichts dagegen einzuwenden, wenn die Naturforschung immer wieder ihre Forderungen an die Geschichte der Menschheit zur Geltung bringt. Wenn aber Du Bois-Reymond triumphirend ausruft: ‚da erblicken wir eine ganz andere Weltgeschichte, als die, welche gewöhnlich diesen Namen trägt,‘ — so wäre es nicht schwer, ihm nachzuweisen, dass es mit seiner Weltgeschichte auch nicht übermässig gut bestellt ist, denn was er über Christenthum, Islam, Judenthum und über viele andere geistige Factoren sagt, wird ohngefähr dasselbe Lächeln bei jenen erregen, die von der Sache mehr verstehen, als er, welches ihm die Ausserachtlassung der natürlichen Factoren der Geschichte erregt. Wir unsererseits billigen sehr, wenn es betont wird, dass man den geistigen Zustand der Alten schlecht beurtheilt, wenn man Dinge nicht weiss, welche Littrow über das Sehen in der Astronomie bemerkt hat. Ob man die Frage des Unterganges des römischen Reiches lieber auf das Zurückbleiben in den Naturwissenschaften überhaupt oder auf den mangelhaften Dünger im Besonderen zurückzuführen habe, mag hier dahingestellt bleiben, wir freuen uns aber sehr, wenn die Naturforschung ihre Rechte immer mehr geltend macht und den Beweis liefert, dass ohne ihre Kenntniss der Menschheitsbegriff in geschichtlicher Entwickelung nicht fassbar ist. Es haben ja auch schon mehr Leute dergleichen gesagt. Wenn die Naturforschung dem gewöhnlichen Geschichtsbetrieb immer mehr und mehr entzieht, so ist dies für eine schliessliche Verständigung der Wissenschaften untereinander gewiss nur erspriesslich; verfehlt wäre nur, wenn die Naturforschung meinte, dass das was sie vom quaternären Menschen an bis auf Du Bois-Reymond und Virchow als Weltgeschichte ausgeben würde, weniger einseitig sein würde. Wie verächtlich man auch von dem reden mag, was man das Steigen und Fallen der Könige und Reiche, Völkerhetzen, Morden u. s. w. nennt, — man versuche es nur, die elementaren gesellschaftlichen Factoren ausser Acht zu lassen,

Darf man nach dem Gesagten zu einem Endurtheil über Schlosser's universalhistorische Auffassung schreiten, so wird vor allem zugestanden werden müssen, dass er auch hier ganz und gar in der Literatur und Philosophie seiner Zeit steckte, dass er in der Richtung Herders den alten Schlözer'schen Begriff von Geschichte zu verbessern glaubte, dass er hiebei die nüchternen Warnungen Kant's vor Herder's theologisirenden Speculationen wenig beachtete, und dass er zu muthiger Ausführung eines universalhistorischen Systems fortschritt, welches bis auf den heutigen Tag immer fortwirkt und dessen Irrthümer wenigstens in der Theorie der Geschichte noch heute nicht überwunden sind, sondern auch von denen nachgebetet zu werden pflegen, welche sich in ihrer Wissenschaft sonst thurmhoch über Schlosser erhaben glauben. Indem wir aber unsererseits den universalhistorischen Begriff Schlosser's für völlig verfehlt und unhaltbar ansehen durften, wollten wir uns keineswegs der Aufgabe für enthoben betrachten, die Geschichtschreibung des Universalhistorikers in den Richtungen, wo er sich auf der Bahn der Staatsgeschichte bewegt, noch einer näheren Betrachtung zu unterziehen.

Staatsgeschichte beginnt in Schlosser's Werken eigentlich erst bei den Persern. Er blieb auch hierin ein Vorbild der meisten nach ihm kommenden Universalhistoriker. Was über die semitischen Völker in unseren weltgeschichtlichen Darstellungen bis auf den heutigen Tag geliefert wird, ist vor-

und man wird ja sehen, dass die neuartige Weltgeschichte noch mehr ein Roman ist, als es die alte gewesen. Diesen Gegensätzen unserer heutigen Wissenschaften gegenüber, welche sich über das Dominium in der Universalgeschichte streiten, ist wirklich die Auffassung des vorigen Jahrhunderts, etwa Schiller's, ein Muster von Verständigkeit und Einsicht, wenn er auseinandersetzt, was alles zur Weltgeschichte nöthig wäre (Briefw. m. Körner II. 48). Dennoch aber scheint uns jeder Naturforscher, der seiner Geringschätzung dessen, was sich gewöhnlich als Menschheitsgeschichte ausgibt, nur Dank zu verdienen, denn es ist wirklich kläglich, welcher Missbrauch mit dem Begriffe Menschheit getrieben wurde, ohne dass sich nur das Bedürfniss geltend machte, die richtige Fahrstrasse aufzufinden. Vorläufig aber wird es gut sein, sich zu sagen, dass weder der Historiker, noch der Philolog, noch der Naturforscher befähigt ist, eine Universalgeschichte zu schreiben, und dass der archimedische Punkt für diese Wissenschaft noch völlig unentdeckt sei.

wiegend ein literarisch-culturgeschichtliches Raisonnement, dessen Wissenswürdigkeit sicher nicht in Zweifel gezogen werden will, welches jedoch nur eine sehr ungenügende Vorstellung von dem Staatsleben jener Völker geben kann. Ganz anders gestaltet sich die Darstellung Schlosser's und seiner Nachfolger gemeiniglich von den Persern ab, an deren Geschichte Griechenland und Rom sich anschliesst und von deren Auftreten sich Kraft und Aufmerksamkeit des Historikers auf die staatlichen Vorgänge bis in ihre kleinsten Umstände erstrecken. Es hat Tausende von Feldherren auch vor Darius gegeben, doch wehe, wenn wir einen von jenen, die zwischen Persern und Griechen Schlachten geschlagen haben, in der Weltgeschichte nicht erfahren würden! Man missverstehe uns nicht; was wir bemerken wollen, ist nur dies, dass thatsächlich die Darstellungen der Weltgeschichte fünfhundert Jahre vor Christus einen absolut verschiedenen Charakter annehmen, und dass das staatsgeschichtliche Moment nun in gleichem Maasse vorherrscht, als es vor dem vernachlässigt erschien.

Unsicherheit über die Aufgabe der Geschichte zeigt sich aber auch in Schlosser's staatsgeschichtlichen Ausführungen. Er fühlt sich nirgends sicher, ob er auch wirklich genug thut, wenn er den staatsgeschichtlichen Entwickelungen folgt, er greift daher überall, wo er nur irgend kann, in andere Gebiete über und ein aus einem allgemeinen Erkenntnissprincip hervorgehendes Ebenmaass der Darstellung zeigt sich nicht. Er verändert daher häufig die Form. In der Darstellung der Kreuzzüge (vgl. Weltgesch. III. 2.) findet er es besser von der ‚nackten bloss andeutenden und zusammenhängenden Form so weit abzugehen, als der Zweck des Werkes und seine ‚Grundsätze' nur immer erlauben möchten'. In der Anzeige von Reinganum's Uebersicht der Geschichte des Mittelalters versicherte er, dass man die Einzelnheiten bei einer weltgeschichtlichen Darstellung fast gänzlich entbehren könne. In der alten Geschichte behandelte er selbst bei den Griechen und Römern fast jede Periode in sehr verschiedener Ausführlichkeit. Detaillirt ist eigentlich überall nur die Literaturgeschichte in Betracht gezogen worden. Bei aller dieser Ungleichheit der Behandlung seines Stoffes hat Schlosser indessen dennoch nach einer Seite hin eine nie genug hochzuschätzende Einwirkung geübt. Er hat die so lange herrschende Genügsamkeit in der Darstellung staatsgeschichtlicher Vorgänge definitiv und für immer beseitigt, und er erweiterte zugleich die staatsgeschichtliche Darstellung in einer bis auf seine Zeit unbekannten Weise. Niemand hatte vor ihm und vielleicht auch nach ihm, in den sogenannten weltgeschichtlichen Darstellungen den Byzantinern eine gleiche Aufmerksamkeit geschenkt, auch die Araber und Normannen sind eigentlich erst von Schlosser nach Gebühr gewürdigt worden. In diesen Richtungen darf man ohneweiters mit Gervinus die wichtigste Einflussnahme Schlosser's auf alle spätere Geschichtschreibung erkennen. Denn die Gefahr, welche in der strengen Festhaltung des staatsgeschichtlichen Standpunktes für den Geschichtsforscher immer lag und liegen wird, ist ohne Zweifel darin zu suchen, dass er leicht in ein allzu äusserliches Wesen geräth und die Erscheinungen, welche in Form der Staatsaction vor sich gehen, allzuwenig tief und ohne jede Ahnung innerer Nothwendigkeit erfasst.[1] Wie es

---

[1] Hier wäre eine grosse Anzahl von Schriftstellern zu nennen, welche auf diese Schwäche der Historik neue Systeme gebaut haben; es mag einer für alle sprechen: ‚Die Stellung einer so beschränkten Aufgabe hat auf den Fortschritt unserer Erkenntniss sehr nachtheilig gewirkt. Sie hat die Zunft der Historiker verleitet, niemals die Nothwendigkeit der ausgebreiteten Vorstudien anzuerkennen, wodurch sie sich zu befähigen gehabt hätten, ihren Gegenstand in dem ganzen Umfang seiner natürlichen Verhältnisse zu erfassen. Daher die sonderbare Erscheinung, dass der eine Historiker nichts von der politischen Oekonomie, ein anderer nichts von den Gesetzen, wieder ein anderer nichts von den geistlichen Angelegenheiten und von den Veränderungen der religiösen Vorstellungen weiss; dass der eine die Statistik, der andere die Naturwissenschaft vernachlässigt, obgleich diese Fächer die wichtigsten von allen sind, da sie Verhältnisse umfassen, von denen vornehmlich die Stimmung und der Charakter der Menschen erzeugt und in denen beides entfaltet worden. Buckle G. d. C. I. 3. Dass sich an diesen Umstand der Versuch knüpft, die sogenannte Culturgeschichte wissenschaftlich zu rechtfertigen, ist bekannt; dass aber die Möglichkeit einer allgemeinen Culturgeschichte mit der Möglichkeit einer Universalgeschichte ganz zusammenfällt, pflegt man gewöhnlich weniger zu beachten. Aufrichtiger ist die Culturgeschichte darin, dass sie ihr Unvermögen wenigstens nach einer Seite offen eingesteht, jene Factoren zu erklären, welche aus den gesellschaftlichen Verhältnissen des Staates entspringen. Sie unterschätzt den Menschen nach seiner politischen Seite wie der einseitige Staatshistoriker ihn in seinen culturellen Motiven häufig verkennt. In Bezug auf die räumliche Ausdehnung des Menschheitsbegriffes heuchelt die Culturgeschichte aber

in dieser Beziehung als ein Gebot der Geschichtschreibung erschien, einen wesentlichen Schritt über Schlözer und selbst über Johannes Müller noch hinaus zu machen, so wird es auch noch in unserer Zeit ein stetes Bedürfniss bleiben, immer wieder und mit aller Energie jene Begründung des äusseren Zusammenhanges der Ereignisse zu fordern, welche nur aus dem Zurückgehen auf die in der staatlichen Gesellschaft herrschenden Ideen und geistigen Bestrebungen gewonnen werden kann. In diesem Punkte aber ein sehr grosses Beispiel gegeben zu haben, wird immer das Verdienst Schlosser's, sowohl in seiner universalgeschichtlichen Uebersicht der alten Welt, wie auch in seiner Geschichte des 18. Jahrhunderts bleiben, von welcher noch nachher eingehender zu sprechen sein wird.

Es mag sein, dass der geistige Bestand der politischen Welt von Schlosser und seinen Anhängern, manchmal etwas zu einseitig aus den Literaturverhältnissen der Nationen hergeleitet werden will, und dass den rein doctrinären Richtungen der Zeit ein zu grosser Einfluss auf die praktisch thätige Welt im Staat zugeschrieben wird, aber sicherlich würde von einem Verständniss der in einer Zeit wirksamen Ideen überhaupt nicht geredet werden können, wenn man die Literatur eines Volkes nicht gleichzeitig in beständige Berücksichtigung nähme. Ueber diesen Punkt wenigstens kann man sagen, dass unter allen Geschichtschreibern unserer heutigen Zeit eine im allgemeinen feststehende Uebereinstimmung herrscht, zu der doch wohl Schlosser jedenfalls sehr wesentlich beitrug, obwohl Löbell gegen Gervinus auch nicht zugeben wollte, dass er hierin ‚bahnbrechend' gewesen sei. Allerdings beruft man sich auf französische und englische Vorgänger, welche längst vor Schlosser Staatsgeschichte und Bildungsgeschichte miteinander verbunden hätten, indem sie dem Zustande der Literatur, der Philosophie der schönen Künste besondere Abschnitte in ihren Werken widmeten; allein die Methode, welche Schlosser in seiner universalhistorischen Uebersicht der alten Welt und wie sich noch zeigen wird, am

> gewöhnlich ebenso wie die Universalgeschichte, und wenn Du Bois-Reymond gegen die letztere den Vorwurf schleudert, dass sie selten erkennt, wie die ostasiatischen Völker den Griechen und Römern in vielen Zweigen der Cultur frühzeitig und immer überlegen waren, so trifft dieser Vorwurf meist ganz ebenso die Culturgeschichte.

ebenmässigsten in der Geschichte des 18. Jahrhunderts zur Anwendung brachte, hatte einen tieferen Zweck und war auf ein weit innerlicheres Moment begründet, als man etwa bei Gillies oder selbst bei Gibbon und anderen finden mochte.[1] Wenn die älteren Schriftsteller die Bezugnahme auf Literatur in dem Sinne der Vollständigkeit des welthistorischen Stoffes verstanden, so ist es bei Schlosser das Bestreben nach der Causalität der Erscheinungen, was ihn auf den Gang der Literatur zurückleitet. Er scheint in diesem Punkte durchaus mit Wilhelm von Humboldt übereinzustimmen, und es ist unbegreiflich, wie Schlosser's Verhältniss zu dem berühmten Aufsatze Humboldt's so arg missverstanden worden sein konnte, dass man in dem letzteren eine Art von Verdict gegen Schlosser's Geschichtschreibung erblicken wollte.[2] Es ist auch nicht entfernt daran zu denken, dass Humboldt die im Jahre 1821 geschriebene Vorrede zum ersten Theile des dritten Bandes der Weltgeschichte treffen oder tadeln wollte: Hier verlangt Schlosser von der Geschichtschreibung ein Eingehen in die Einzelnheiten der Erscheinung, wie auch Humboldt durchaus gleichlautend gefordert hatte. Wenn Schlosser die Bemerkung macht, dass in der Geschichte ‚ohne vorhergegangene Anschauung des Einzelnsten alles Absprechen hohl und eben darum schief sei‘, so

---

[1] Löbell, Briefe S. 48. Dennoch bleibt aber das, was Gervinus bemerkt, aufrecht, denn wenn es sich bloss um synthetische und synchronische Zusammenstellung von Literatur und Politik handelt, so kann man dergleichen selbst bei den ledernsten Schriftstellern des vorigen Jahrhunderts finden und braucht nicht Gillies, geschweige Gibbon zu erwähnen; es handelt sich aber doch um mehr: man will Ideen, über welche die Staatsgeschichte schweigt, zur Motivirung politischer Ereignisse gewinnen; hierin hat Schlosser doch entschieden energischer eine Richtung eingeschlagen, als alle früheren, so zwar, dass man heute der Meinung sein darf, er habe darin jedenfalls mehr gethan, als der Wahrheit der Dinge und dem wirklichen Hergang entspricht, er hat den Einfluss der Literatur ebenso gewiss überschätzt als die Vorgänger ihn zu gering anschlugen. Unter diesem Gesichtspunkte hätten sich Löbell und Gervinus vielleicht einigen können.

[2] Löbell a. a. O. S. 42 sagt zwar selbst, dass die Beziehung sehr unwahrscheinlich sei, sucht sie aber doch hervorzustellen, wobei es uns schwer vereinbar scheint, wie man Schlosser in einem Athem tadeln und Wilhelm von Humboldt's Aufsatz einen ‚herrlichen akademischen Vortrag‘ nennen kann. Vgl. Anmerkung Seite 44, 2.

wird man ja nicht denken dürfen, dass Humboldt's Aufsatz
hiegegen einen principiellen Gegensatz bilde. Es wäre nicht
leicht möglich, mit Sicherheit nachzuweisen, welche Verall-
gemeinerungen der Weltgeschichte Schlosser in seiner Vorrede
zum dritten Bande der Weltgeschichte, wo er sich ‚gegen die
erkünstelte philosophische Geschichtschreibung, gegen den
phantastisch philosophischen Schwulst' aussprach, speciell im
Auge hatte, die Principien, welche Humboldt 1822 in dem Aufsatze über die Aufgabe des Geschichtschreibers aussprach,
waren zu sehr verwandt mit Allem, was aus den Kant-Schiller-
schen Traditionen in Schlosser lebendig war, als dass man
irgend einen Gegensatz zwischen Humboldt und Schlosser
voraussetzen dürfte. Vielleicht wollte Schlosser einen Seitenhieb
gegen Stolberg oder Friedrich Schegel führen,[1] in Bezug auf
Humboldt lässt sich nur sagen, dass sein Aufsatz über die Aufgabe des Geschichtschreibers genau zu alledem passt, was
irgend von Schlosser über Dinge dieser Art geäussert wurde.
Sie stehen beide auf dem Standpunkt einer zuletzt auf den
Gottesbegriff zurückgehenden Ideenwelt, welche hinter den
Erscheinungen der Geschichte zu suchen wäre.[2]

[1] In der fraglichen Vorrede wird von Schlosser eine ganze Anzahl von
sehr verschiedenen Schriftstellern angegriffen; die dort erwähnte erkünstelt
philosophische, affectirt natürliche und süssliche Rede bezieht sich mit
dem phantastisch-philosophischen Schwulst gewiss auf die neu aufkom-
mende romantisch katholisirende Richtung, wovon Schlosser in Stolberg's
Religionsgeschichte und in Schlegel's 1815 erschienener Geschichte der
alten und neuen Literatur abschreckende Beispiele gesehen haben wird.
Die in der letzten Schrift zur Verherrlichung des Mittelalters erfundene
Reformationsbeurtheilung lag Schlosser gewiss im Sinne, da er sich der
Epoche der Kreuzzüge näherte. Man muss auch hier fortwährend das
hohe Alter Schlosser's im Auge haben. Man bezieht unwillkürlich Alles,
was Schlosser gesagt hat, auf literarische Verhältnisse, die uns zu nahe
stehen. Als Schlosser gegen den philosophischen Schwulst polemisirte,
war weder Humboldt's Aufsatz, noch Schlegel's, noch Hegel's Philosophie
der Geschichte erschienen. Auch was Schlosser von der einseitig politisch
sophistischen Declamation sagt, ist zu einer Zeit gesprochen, wo alle
unsere jetzt cursirenden Geschichtschreiber noch nicht geschrieben haben,
zum Theil noch nicht geboren waren.

[2] Unter allen philosophischen Aufsätzen über Geschichte und Geschichtschreibung erfreut sich keiner einer gleichen Autorität wie der Humboldt's,
und wird mit einem gewissen Respect auch heute noch gerne citirt,

Wie aber nun der Historiker dieser Ideenwelt habhaft zu werden vermöchte, darüber gehen die Methoden allerdings sehr stark auseinander und Schlosser sucht sich in diesem Punkte deutlich von seinen philosophirenden Gesinnungsgenossen zu unterscheiden; wenn man aber aufrichtig sein soll, so muss man gestehen, dass auch er im ungewissen Dunkel mehr die Ideen umhertappend zu fangen, als zu erforschen weiss, und dass ihn eben deshalb nicht selten ein Missbehagen über die ‚durchlesenen Folianten' ergreift, welche am Ende nichts sagen, als ‚dass im Leben stets ein Schatten dem andern weicht, um endlich dem Nichts den Platz zu lassen'.[1] Es wäre nicht schwer eine ganze Reihe von Stellen zu finden, aus denen man glauben machen könnte, der eifrige Vertreter der Principien in der Geschichte sei eigentlich Nihilist gewesen, und hätte sich in die unendliche Masse von Einzelnheiten nur hineingestürzt, um den eigentlich ungestillten Drang nach den in der Gottheit ruhenden Ideen der Weltgeschichte zu begraben. Aber eine Ansicht solcher Art über Schlosser wäre sicherlich falsch. Was

obwohl die heutige Geschichtschreibung wenig damit gemein hat. Anders steht es noch bei Schlosser. Nicht von Humboldt angeregt, aber aus denselben Anregungen Kant-Schiller'scher Gedanken heraus hat Schlosser den Versuch gemacht, praktisch zu lösen, was theoretisch aufgestellt worden war. Was von Humboldt über die Kunst der Geschichtschreibung gesagt wird, wird sehr gerne wiederholt; einige Bemerkungen über die Natur des Geschichtschreibers wie über die erforderliche Feststellung der Ideen, die zu erkennen seien, werden niemals besser gesagt werden, doch ist es merkwürdig, dass ausser in Tomaschek, Schiller S. 130, nirgends der trefflichen Kritik gedacht ist, durch welche Alexander v. Humboldt die Abhandlung fast mit einigen Worten vernichten konnte. A. v. Humboldt an Varnhagen S. 40. Man kann übrigens desselben Bemerkung gegen Hegel ebd. 43 ‚damit erfüllet werde, was der Philosoph verheisst', wohl auch schon gegen die Naturabsicht Kant's und gegen die ‚Ideen' seines Bruders anwenden.

[1] Merkwürdig ist übrigens, dass sich in Schlosser's allgemeinen Sätzen die unbewussten Reminiscenzen an seine Philosophen bis zur Wörtlichkeit einstellen. So spielt ihm in dieser Vorrede Herder, den er doch gar nicht zu mögen versicherte, offenbar einen Streich: ‚Vorübergehend ist also Alles in der Geschichte; die Aufschrift ihres Tempels heisst: Nichtigkeit und Verwesung. Wir treten den Staub unserer Vorfahren und wandeln auf dem eingesunkenen Schutt zerstörter Menschenverfassungen und Königreiche; wie Schatten steigen sie aus den Gräbern hervor und zeigen sich in der Geschichte.' Ideen III. 15.

er gleichmässig scheute, war einerseits jede philosophische Einseitigkeit, welche sich über die unmittelbar gegebene Erfahrung erhebt, und andererseits die Selbstgenügsamkeit und Trockenheit jener, welche in dem äusseren Gerüste das Wohnhaus erblicken. Wie freilich Gervinus behaupten konnte, dass es sein Meister in der Vermittlung dieser Gegensätze zu einer canonischen Harmonie für die Geschichtschreibung gebracht hätte, ist von einem entfernteren Platze besehen, allerdings unbegreiflich gewesen. Ebensowenig aber hatten später ein Recht Schlosser darüber Vorwürfe zu machen, dass er es bei seinem kritischen Bestreben in der Enthüllung der Ideen nicht weiter gebracht hat.

Man hat sich bei dieser Gelegenheit zuweilen der Streitigkeiten erinnert, welche Schlosser in Gegensatz zu F. A. Wolf, Niebuhr und Otfried Müller brachten, und glaubte in der geringen Würdigung philologischer Kritik von Seite Schlosser's die Ursache mancher sachlichen Irrthümer und Misserfolge der alten Geschichte erblicken zu sollen. Wenn aber Schlosser die Philologen überhaupt und F. A. Wolf für besonders eingebildet hielt, so ist dies freilich kein Gegenstand, bei welchem eine exacte Entscheidung über sachliche Fragen gewonnen werden konnte. Da man aber nachträglich den Siegespreis in diesen Dingen mit Leichtigkeit und ohne grossen Scharfsinn vertheilen kann, so dürfte zu erinnern sein, dass andere auch fragen können, wie viel denn heute in Bezug auf die Einzelnheiten der Forschung von Niebuhr und Otfried Müller aufrecht besteht. Beachtet man die Wandelbarkeit, die sich in den Urtheilen und Auffassungen über das einzelne Moment der geschichtlichen Erscheinungen zeigt, so wird man genöthigt sein, auf den ephemeren Streit der Gelehrten nur eine sehr untergeordnete Rücksicht zu nehmen, falls man eine richtige Summe von dem Leben und der Thätigkeit eines schriftstellerischen Geistes ziehen und seine Stellung in der Literatur im allgemeinen bezeichnen will. Es würde hier auch viel zu weit führen, jede einzelne Frage der Kritik in ihrer nur für die Gelehrtengeschichte wichtigen Stellung zu erörtern. War es uns doch nur zur Aufgabe gemacht, Schlosser's allgemeine Leistungen im Gebiete der sogenannten Universalhistorie zu bezeichnen.[1]

---

[1] Ich erinnere hier nur noch, dass von Schlosser's Schriften überhaupt nur jene berührt werden, welche für die principiellen Fragen der Geschicht-

III.

Nach manchen Richtungen hin musste schon der Geschichte des 18. Jahrhunderts Erwähnung geschehen. Die Berührungspunkte zwischen der universalhistorischen Uebersicht und dem 18. Jahrhunderte in Betreff der methodischen Darstellung der Literaturen der Völker sind so schlagend und eingreifend, dass sich eine getrennte Besprechung der hiebei in Frage kommenden Principien nicht wohl geben liess. Es ist jetzt ins Auge zu fassen, worin die eigenthümliche Leistung Schlosser's in der Geschichte des 18. Jahrhunderts lag, und welche Umstände es bewirkt haben, dass dieses Werk zu den gelesensten Geschichtsbüchern, und zwar zu jenen gehörte, aus welchen die Nation thatsächlich einen grossen Theil ihrer politisch staatlichen Anschauungen grossgezogen hatte. Bekanntlich waren die staatlichen Zustände der Zwanziger Jahre nicht ohne Einfluss auf den Gedanken Schlosser's geblieben, die nächste Vergangenheit mit ausdrücklich eingestandenen politischen Lehrzwecken einer eingreifenden Darstellung zu unterziehen. Als er zuerst an diese Arbeit ging, war er ein Mann von 47 Jahren, als er das Werk endgiltig und in der Form verfasste, in welcher es eigentlich erst recht bekannt wurde, stand er im Alter von 57 bis 71 Jahren. Die Epoche, die er vorzuführen unternahm, stand ihm ohne Zweifel geistig näher, als der Generation, zu deren ausdrücklicher Belehrung, ja Besserung und Umkehr die Vergangenheit als ein Spiegelbild vorgestellt werden sollte. Die Geschichte des 18. Jahrhunderts war eigentlich das einzige staatsgeschichtliche Werk, das Schlosser überhaupt schrieb, er verfasste es in seinen späten Lebensjahren und er trat an diese Aufgabe der Geschichtschreibung überhaupt unter dem Gesichtspunkte politischer Didaktik heran. Die Historiographie hatte aber im Gebiete der Staatsgeschichte damals in Deutschland eben einen Schritt gemacht, welcher überhaupt als der bedeutendste und wichtigste erscheint, welcher seit Pütter zu verzeichnen war.[1]

---

schreibung von Wichtigkeit sind; übrigens sei bemerkt, dass es an einer Zusammenstellung aller Werke und Schriften Schlosser's fehlt und ein Verzeichniss in Weber's Buche wohl sehr erwünscht gewesen sein würde.

[1] Es ist vielleicht nicht überflüssig, zu erinnern, dass Ranke's Geschichte der romanisch-germanischen Völker 1824 erschien. Man wird die Wand-

Was war natürlicher, als dass von dem ersten Moment des Erscheinens der Geschichte des 18. Jahrhunderts ein fortwährender Vergleich zwischen Ranke und Schlosser üblich geworden ist, und dass man neben der Gleichheit der Erscheinungsjahreszahlen der Bücher vergass, dass dieser bereits ein sehr alter und jener ein ganz junger Mann war, als beide in eine gleichsam unwillkürliche Concurrenz staatsgeschichtlicher Geschichtschreibung geriethen. Man konnte jedoch nicht leicht einen weniger passenden Vergleich machen, als zwischen Schlosser und Ranke, welche von ganz verschiedenen Ausgangspunkten zu ihren staatsgeschichtlichen Arbeiten kamen. Der Universalhistoriker Schlosser hatte sich gleichsam nur von der Zeitströmung ein Interesse für die specifisch politischen Dinge insbesondere der neueren Zeit abringen lassen. Seine Jugend war noch erfüllt von der Abneigung gegen die politische Historie, welche in der Behandlung von Haupt- und Staatsactionen mit trefflichen pragmatischen Maximen ihre Aufgabe sah. Pütter, der der Hauptvertreter dieser Richtung genannt werden konnte, war in Göttingen von dem jungen Schlosser kaum beachtet worden. Gerade umgekehrt war Ranke von der Staatshistorie ausgegangen und im Begriffe sich von diesem festen Punkte aus zu universalhistorischen Tendenzen durchzuarbeiten, ein Versuch der freilich nur in eingeschränktem Masse zur Ausführung kam, denn Ranke entschloss sich doch niemals seine gerne betonten universalhistorischen Gesichtspunkte in dem

lungen der Historiographie von Pütter bis auf Ranke nicht zu unterschätzen brauchen. Wenn man dennoch in dem Erscheinen der Geschichte der romanisch-germanischen Völker eine Epoche der Geschichtschreibung erblickt, so braucht man nur die Vorrede zu der Geschichte der romanisch-germanischen Völker zu lesen, um dies gerechtfertigt zu finden. So wunderbar in ihrer Einfachheit und geraden Absichtlichkeit ist das, was Ranke hier von den Aufgaben seiner Geschichtschreibung spricht, dass man wohl sagen kann, mit gleicher Entschiedenheit, Klarheit und Festigkeit des Programms hat noch niemals ein Geschichtschreiber von jenem Standpunkt Besitz ergriffen, den er im Wesentlichen unverrückt und unverändert nunmehr durch fünfzig Jahre festgehalten hat. Diese phänomenale Erscheinung in der Historiographie gewinnt noch an Bedeutung, wenn man bedenkt, dass durch das Eingreifen der Romantik die Gesichtspunkte für die Geschichtschreibung in den ersten Jahrzehnten des Jahrhunderts nicht gerade an Klarheit gewonnen hatten.

Chaos einer sogenannten Weltgeschichte untergehen zu lassen. Ranke ist stets ein Staatshistoriker geblieben und keinem Versuche könnte es je gelingen, ihn aus der Reihe der reinpolitischen Schriftsteller und Staatsgeschichtschreiber herauszuziehen.[1] Betrachten wir aber die Methoden und die inneren Aufgaben, welche beide Männer ihrer Geschichtschreibung vorgesetzt haben, so werden dieselben sich ebenso unvergleichbar finden, wie ihre Ausgangspunkte verschieden waren; und wenn wir vielleicht am Schlusse auf die beliebte Parallele zurückkommen sollten, so wird es nur geschehen können, um zu zeigen, dass zwischen den zufällig gleichschreibenden, altersungleichen Männern der Unterschied einer historiographischen und philosophischen Entwickelungsepoche von mindestens fünfzig Jahren liegt.

Was dachte sich Schlosser als Aufgabe der Staatsgeschichte? Er sprach sich bestimmt niemals über das Wesen derselben aus, auch in seiner Geschichte des 18. Jahrhunderts würde er uns den Unterschied von Staatsgeschichte und Universalhistorie, welchen wir als das einzig sichere Princip der Historiographie festhalten, nicht einmal recht zugestehen wollen. Auch hier, wo er seine Erzählung fast ausschliesslich auf die hervorragendsten europäischen Völker beschränkt, spricht er mit grosser

---

[1] Die von Ranke in der Einleitung zu den romanisch-germanischen Völkern hervorgehobenen Gesichtspunkte sind wesentlich negativ und richten sich in erster Linie gegen den Begriff der allgemeinen Christenheit und die Idee der Einheit Europas. ‚Die Absicht des Historikers,‘ sagt er, ‚bleibt, indem sie das Fremde, nur wo es sein muss, als ein Untergeordnetes und im Vorübergehen berührt, in der Nähe bei den stammverwandten Nationen, entweder rein germanischer oder germanisch-romanischer Abkunft, deren Geschichte der Kern aller neueren Geschichte ist.‘ Ebenso entschieden hat Ranke bereits im Jahre 1824 die Aufgabe bezeichnet, welcher er immer treu geblieben ist: ‚Man hat der Historie das Amt, die Vergangenheit zu richten, die Mitwelt zum Nutzen zukünftiger Jahre zu belehren, beigemessen: so hoher Aemter unterwindet sich gegenwärtiger Versuch nicht: er will blos sagen, wie es eigentlich gewesen‘. In der vollen Tiefe seines Anspruchs wie in der Beschränkung und Begrenzung seiner Absicht kann eigentlich dieser Satz als das bezeichnendste Merkmal aller Ranke'schen Geschichtschreibung gelten, obwohl man oder vielleicht weil man denselben durchaus nicht für so bescheiden ansehen muss, als er auf den ersten Blick zu sein scheint.

Vorliebe von der Menschheit und ihrer Entwickelung und lebt
in einer Art von universalhistorischem Traume, indem er über
die rechtschaffensten Intriguen des täglichen politischen Geschäfts-
verkehres aus den höchsten weltgeschichtlichen Gesichtspunkten
heraus seine Kritik der praktischen Vernunft auseinanderfaltet.
Er würde auch in Bezug auf sein 18. Jahrhundert trotz des
offenbar politischen Hintergrundes des Werkes, nie zugegeben
haben, dass er in der Darstellung von Staatsgeschichte seine
Aufgabe erfüllt sehe. Da er indessen das Werk auch äusserlich
von seiner Universalhistorie abgetrennt hatte, so wird er sich
hier um so eher gefallen lassen können, unter den Gesichtspunkten der Staatshistorie aufgefasst zu werden, als wir unsererseits den Fragen, welche für seine universalhistorische Auffassung massgebend sind, hinreichende Aufmerksamkeit geschenkt haben und dieselben daher in Bezug auf die Geschichte
des 18. Jahrhunderts ganz bei Seite liegen lassen können.

Was Schlosser anstrebte, bemerkte er in der Widmung
seines Werkes durch den treffenden Hinweis auf Dante. Lag
es auch nahe, der Grossherzogin Stephanie gegenüber an den
gemeinsam verehrten Dichter zu erinnern, so ist es doch keine
blosse Redensart, wenn er in Dante's Werk ein ewiges Vorbild
für den Geschichtschreiber erblickt. Die Beschäftigung mit
Dante's Dichtung füllte bekanntlich alle Epochen von Schlosser's
Leben mit stets steigendem Interesse, welchem er in Schrift
und Vortrag Ausdruck gab.[1] Dürfte man das eigenthümliche

[1] Aus Schlosser's Abhandlung über Dante's Divina comedia (Archiv für
Geschichte und Literatur I., II., IV.) kann selbstverständlich hier nur das
hervorgehoben werden, was zu den principiellen Fragen der Geschichtsschreibung in einiger Beziehung steht. Doch sind die Briefe über die
ersten sechs Gesänge des Paradieses, Band I und II, vornehmlich eine
Untersuchung über die kosmischen Vorstellungen Dante's und haben
wenig mit seiner Stellung zu der Geschichte zu thun. Dagegen ging
Schlosser im IV. Bande des Archivs aus Anlass der Schriften von Rossetti
und Witte auf die staatlichen Ansichten Dante's ein; bezeichnend für
Schlosser's eigene Stellung zur Geschichtswissenschaft ist, was er S. 20 f.
von Dante sagt: Auf den Grund seines wissenschaftlichen Systems baute
er sein politisch-moralisches Gebäude und nahm dabei Himmel und Erde,
das Sichtbare und das Unsichtbare, Engel und Teufel, Gott und Satan zu
Hilfe. Er brachte alles vorher Erwähnte mit seiner Vorstellung vom
Wesen des Menschen in Verbindung. Seine grosse Seele umfasste das
Weltall .... Er stieg vom Laster zur Strafe herab und von der

geistige Verwandtschaftsgefühl des Geschichtschreibers mit dem alten Dichter nach dem, was jener selbst darüber äusserte, zergliedern, so lag es wohl darin, dass Dante ein inneres, sittliches Bedürfniss Schlosser's gleichsam in monumentaler Sicherheit und mit unbeugsamer Zuversicht erfüllte, indem er allem menschlichen Thun gegenüber die Wage des göttlichen Richters gegenübersetzte. Wenn Schlosser von der Verwendbarkeit Dante'scher Weltanschauung für die Zwecke der Geschichte spricht, so kann er dabei nothwendig nur daran gedacht haben, dass die Geschichtschreibung jedem menschlichen Thun gegenüber ebenso unwillkürlich Stellung nehmen müsse, wie der Dichter der göttlichen Komödie gegenüber seinen poetisch-historischen Gestalten. Und wenn Schlosser noch die frappante Bemerkung macht, dass bei ‚so bekannten Geschichten‘, wie denen des vorigen Jahrhunderts es weniger auf die Forschung ‚als vielmehr auf die Auswahl und Stellung der Thatsachen‘ ankomme, so zeigt sich auch hierin die Absicht den beurtheilenden Standpunkt der Darstellung in den Vordergrund treten zu lassen. Das Dante'sche Weltgericht, die Vorführung von Himmel, Hölle und Fegefeuer, als unmittelbarste Aufgabe der Geschichtschreibung wollte Schlosser nicht wie einen Act subjectiver Entscheidung, sondern als den Ausdruck dessen erscheinen lassen, was lediglich durch die Auswahl und Stellung der Thatsachen von selbst sich bietet. Wollte man das, was auf diese Weise beabsichtigt war, in ein grosses Wort zusammenfassen, so könnte man sagen Werthbeurtheilung ist es, was der Geschichtschreiber erreichen will.

Tugend zur Belohnung hinauf. **Selbst in Beziehung auf seine lasterhaften Freunde, die er in die Hölle versetzte, und auf seine tugendhaften Feinde, denen er eine Stelle im Paradiese gab, war er unparteiisch.** Man hat ihn mit Recht oft als den Philosophen unter den Dichtern bezeichnet, er erscheint aber noch in einer würdigeren Rolle, als **wahrer und rechtschaffener Mann.** . . . . Er zeigte sich, um uns seiner eigenen Worte zu bedienen, als furchtloser Freund der Wahrheit, entfernte von sich jegliche Lüge und ahmte dem Winde nach, der die höchsten Gipfel am heftigsten schüttelt‘. Auch jenen Versen hatte Schlosser eine Art von divinatorischer Bedeutung für sich selbst gegeben: ‚Verfolge deinen Weg und lasse reden die Leute. Steh fest wie der Thurm steht, der niemals beuget die Spitze, wenn ihn umstürmen die Winde.‘

Es mag später noch untersucht werden, wie Schlosser diese Werthbeurtheilung handhabte, welche Grundlagen sie hatte; vorher wollen wir nur zweier Einwürfe gedenken, welche sehr häufig gegen diese Schlosser'sche besonders im ‚18. Jahrhundert' hervortretende Beurtheilung erhoben wurden. Fürs erste meinte man, dass der Geschichtschreiber hierin absolut willkürlich verfahre — ja man verstieg sich, diese Willkürlichkeit des Urtheils zu identificiren mit dem allerdings auch etwas verschwommenen Begriff von subjectivischer Geschichtschreibung, — und fürs zweite bemerkte man gegen Schlosser, dass er vermöge seiner schwachen Studien in den Archiven des vorigen Jahrhunderts nicht berechtigt war, vorschnell zu urtheilen und man setzte ihn in dieser Beziehung in einen Gegensatz gegen die gelobte sogenannte diplomatische Geschichtschreibung, welche vorsichtig sei und daher Niemanden in das Dante'sche Purgatorio sende, bevor nicht alle Quellen der Rechtfertigung vollständig durchgeprüft wären.[1]

---

[1] Den Ausdruck ‚diplomatische Geschichtschreibung' gebrauche ich nur der Kürze wegen, für verständlich und deutlich vermag man ihn gewiss nicht anzusehen. Was über diesen Gegenstand im Allgemeinen zu sagen ist, hat Gervinus in der Vorrede zur Geschichte des 19. Jahrhunderts musterhaft geäussert wobei es ihm auch gewiss nicht darauf ankam, die Nachforschung in den Archiven der handelnden Menschen irgend zu verkleinern. Bei aller Hochschätzung der Ausdauer und des Fleisses, welche in der letzteren Richtung herrschen, seit Ranke den canonischen Satz der modernen Geschichtschreibung ausgesprochen, dass Memoiren, Tagebücher, Briefe, Gesandtschaftsberichte die Grundlage der Geschichtskenntniss bilden, und gezeigt hat, dass alle Ueberlieferungen von Geschichtschreibern — selbst wenn sie von einem Guicciardini vermittelt wären, dem kritischen Messer unbarmherzig anheimfallen, darf man zweierlei nicht vergessen: 1. dass Ranke selbst eines seiner herrlichsten Bücher geschrieben, ohne auch nur im Besitze eines einzigen geheimen diplomatischen Actenstückes über den Gegenstand zu sein, und 2. dass man über die Methodik der Benutzung und Verwerthung des amtlichen Actenstückes in dem ganzen halben Jahrhundert erstaunlicher Regsamkeit und grossartiger Publicationen auch nicht zu den geringsten feststehenden und anerkannten Grundsätzen der Kritik gelangt ist, ja das meiste in dieser Beziehung unter der Herrschaft des Zufalls der Auffindung oder Entdeckung steht. Weil nun der Zufall freilich nichts ‚Subjectives' ist, scheint man sich einzubilden, dass die sogenannte diplomatische Geschichtschreibung ‚objectiv' wäre.

Es sei gestattet, diese Schlosser's Absichten gleichsam von vornherein verurtheilenden Anklagen genauer zu besehen und auf ihr richtiges Maass zurückzuführen. Was nun zunächst die Frage der Forschung anbelangt, so ist es allerdings richtig, dass Schlosser's archivalisches Material mit dem verglichen, was man heute für nöthig erachtet, um eine Sache spruchreif zu finden, äusserst dürftig war. Verkehrt wäre es aber, einen principiellen, auf die methodische Absicht Schlosser's zurückzuführenden Gegensatz deshalb zwischen ihm und der sogenannten diplomatischen Geschichtsforschung anzunehmen. Abgesehen davon, dass Schlosser zweimal zum Zwecke archivalischer Forschungen in Paris war, so hat er es auch in deutschen Landen an vielfachen Nachfragen nicht fehlen lassen, und deshalb, weil er nach Sachlage jener Zeit eben wenig Erfolg mit seinen archivalischen Studien hatte, einem hochgestellten Geiste eine thörichte Geringschätzung dieses Stoffes principiell zu unterschieben, muss man für unerlaubt bezeichnen. Es gehört wahrlich erschreckend wenig Verstand dazu, um zu begreifen, dass es nützlich ist, dasjenige zu lesen, was irgend ein Machthaber geschrieben, geäussert, vertraulich mitgetheilt, wenn man verstehen will, was er gewollt oder gethan hat. In einer so einfachen Frage der historischen Kritik überhaupt einen Unterschied zwischen zweien das historische Handwerk jahraus jahrein betreibenden Männern im Principe vorauszusetzen, heisst in der That die Sache selbst sehr geringschätzen und es wäre kaum zu begreifen, dass man Schlossern den Vorwurf machte, er hätte grundsätzlich die Kenntnissnahme geheimer Papiere verweigert, wenn nicht in der Fülle der Lobrede Gervinus selbst zu solchen Missverständnissen Anlässe gegeben hätte.[1] Mittheilung von Actenstücken, Denkschriften, Gesandtschaftsrelationen war schon in Schlosser's Jugendzeit nicht nur eine sehr beliebte, sondern auch begehrte Beschäftigung und das

---

[1] Sehr viel unvorsichtiger, als in seinen eigenen Büchern sprach sich Gervinus im Nekrolog Schlosser's besonders S. 24 über dieses Verhältniss Schlosser's zur ‚diplomatischen und archivalischen Geschichtschreibung' aus. Ich kenne wenigstens keine einzige Stelle in Schlosser's Werken, aus der zu ersehen wäre, dass er die archivalische Forschung geringgeschätzt hätte. Die jetzt vorliegenden Briefe an Frau Schmidt lassen sogar das gerade Gegentheil ersehen.

Interesse für die in den Archiven verborgenen Papiere war niemals im grossen Publicum verbreiteter, als damals, wo die ängstliche Geheimhaltung der amtlichen Papiere als Regierungsgrundsatz galt. Welche Erfolge schon Schlözer gerade dadurch erzielte, dass er der politischen Neugierde in einer Zeit der grössten Geheimnisskrämerei entgegenkam, ist bekannt, und recht in dieser Strömung des öffentlichen Geistes, welcher heisshungrig nach allen ‚geheimen' Papieren, Briefen, Memoiren spähte, war Schlosser herangewachsen. Wenn ihm aber der Werth der Staatskanzleien und Acten nichts Unbekanntes war und sein konnte, so schliesst dies allerdings nicht aus, dass er im einzelnen Falle der Kritik den Quellen, welche von der handelnden Diplomatie ausgingen, eine viel untergeordnetere Glaubwürdigkeit beimessen konnte, als andere Forscher gleichzeitig oder später als er gethan haben. Wie weit aber durch zu geringe Werthschätzung amtlicher Materialien Schlosser in Irrthümer verfallen ist, lässt sich natürlich nur in jedem einzelnen Punkte besonders constatiren, aus einem durchschlagenden Unterschiede des Forschungsprincipes wird hiebei sicher nichts zu deduciren sein. Nur so viel wird man vielleicht sagen können, dass Schlosser mehr in Folge seiner gleichsam oppositionellen Stimmung als in Folge seiner kritischen Grundsätze ebenso sehr in Gefahr war, das geschriebene Wort des Staatsmannes und Diplomaten (das Actenstück) zu unterschätzen, als es unsere heutige Geschichtschreibung nicht selten zu überschätzen pflegt.

Mit dieser Darlegung des wirklichen Sachverhaltes in Betreff der Forschung Schlosser's über die Geschichte des 18. Jahrhunderts, sind wir nun bei der anderen Anklage angekommen, dass seine Maxime steter Beurtheilung der geschichtlichen Ereignisse ein subjectives Moment in die Darstellung gebracht habe, welchem keine wissenschaftliche Berechtigung zuerkannt werden könnte. Auch diesem Vorwurfe liegt ohne Zweifel eine richtige Beobachtung zu Grunde, aber die Formulirung, in welcher derselbe gewöhnlich hervortritt, gibt zu den schädlichsten Missverständnissen Anlass. Vor allem scheint es ein Missbrauch von Worten, wenn man alles das, was sich als Urtheil in einer Darstellung geltend macht, subjectiv, und dasjenige, was sich auf die einfache Mittheilung der sogenannten

Thatsachen bezieht, als objectiv bezeichnet. In Wahrheit gibt es überhaupt keinen Bericht von Thatsachen der nicht subjectiv wäre, und ein Urtheil ohne die Beziehung auf ein Object ist ein logischer Unsinn. Man sollte nicht erst an die bekannte Anekdote Hume's erinnern müssen, um darüber klar zu sein, dass die Ungleichheit der Berichte über den Raufhandel der beiden Fuhrleute vor dem Fenster des englischen Philosophen eben nur zu erklären war, wenn man sich erinnert, dass keiner der Zeugen einen Bericht von der Sache anders, als auf dem Wege seiner Anschauung, seines Eindrucks, seines Urtheils geben konnte. Und wenn die Meinungen der Berichterstatter gleich darüber auseinandergingen, welcher der Fuhrleute den Handel anfing, so kam das doch daher, dass eben jeder ein anderes Urtheil über den Anfang eines Raufhandels schon mitgebracht hatte. Wenn es wahr wäre, dass Hume über die in dieser Anekdote gezeigte Erfahrung an der Möglichkeit der Geschichtschreibung zu zweifeln begann, so müsste man sich wundern, dass man diese fruchtlose Kunst noch bis auf den heutigen Tag eifrig fortsetzt, denn an der Qualität menschlicher Berichte über geschehene Ereignisse hat und wird sich nichts verändern. Wenn man aber trotzdem noch immerfort von objectiver und subjectiver Geschichtschreibung, wie von einem Canon der Wissenschaft spricht, nach welchem sich die Darstellung geschichtlicher Dinge unterscheide, so beweist dies mindestens, dass man in unserer historiographischen Terminologie nicht übermässig wählerisch zu Werke geht. Soll man nicht unter subjectiver Geschichtschreibung jenen tadelnswerthen Vorgang verstehen, dass jemand ohne gehörige Information, leichtsinnig und grundlos Meinungen und Ansichten über Menschen und Ereignisse ausspricht, so muss wohl angenommen werden, dass hinter den von so vielen ernsthaften Leuten gebrauchten Ausdrücken irgend etwas anderes versteckt sein wird.

Ohne Zweifel kann man eine zusammenhängende Reihe von Begebenheiten so erzählen, dass man sich lediglich darauf beschränkt, die Reihe und Aufeinanderfolge derselben zu bestimmen und weiters das Hervorgehen der einen aus der andern zu erklären. Auch bei Uebung dieser Thätigkeit gehen wir subjectiv zu Werke und kommen in keinem Moment aus unserer eigenen Haut heraus, dennoch aber wird die Darstellung sich damit begnügen können, ausschliesslich solches zu enthalten, was als Begebenheit erscheint. Daneben aber wird man auch die Dinge so erzählen können, dass man hinzufügt, was man selbst als Zuschauer in jedem Augenblicke von den handelnden Personen denkt. In gewissem Sinne kann diese Darstellungsweise die objectiv zutreffendere sein, da man durch die Mittheilung des eigenen Urtheils zugleich die Handhabe bietet, die Beschreibung der Begebenheit zu corrigiren. In formaler Hinsicht wird allerdings die letztere Methode bei weitem subjectiver scheinen, aber auch nur scheinen, denn der Leser oder Hörer erfährt dabei nicht nur das, was nach Urtheil des Erzählers die Handelnden gethan und gedacht, sondern auch das, was der Erzähler mitempfunden. In der Darstellung erscheint der Darsteller gleichsam als mithandelnder oder mitdenkender und mitfühlender Factor: Sehr natürlich, dass man bei dieser Methode der Darstellung eine deutlichere Vorstellung von dem erzählenden Subject erhält, als bei der erstern, ohne dass jedoch deshalb der objective Gehalt des Ueberlieferten im mindesten ein anderer zu sein braucht. Wenn demnach die unglücklich gewählten Ausdrücke von subjectiver und objectiver Geschichtschreibung überhaupt einen Sinn haben sollen, so können sie sich nur auf die formale Frage der Darstellung beziehen und werden eigentlich gar nichts über die sachliche Leistung und Darstellung, über die Frage der Richtigkeit des Erzählten besagen. Ein Zeuge, der in einer Gerichtsverhandlung den Hergang des Verbrechens in sehr lebhafter und deutlicher Weise schildert, dabei aber fortwährend die Schlechtigkeit des Verbrechens und die Abscheulichkeit des Lasters versichert, kann möglicherweise dem Richter viel werthvollere Aufschlüsse gegeben haben, als der andere, welcher sich bemüht hatte ohne jeden Beisatz einen Zusammenhang von Begebenheiten vorzutragen, in welchem alle Glieder haarscharf stimmen, und dennoch in der Hauptsache die Möglichkeit des reinen Zufalls offen bleibt. Würde der Richter immer die letztere Art der Darstellung als die objectiv richtigere ansehen, — so behielte niemand in der Welt mehr Recht, als der Advocat.

Wir sagen es kurz: was man von Schlosser's subjectiver und Ranke's objectiver Geschichtschreibung zu bemerken pflegte,

erscheint uns als das nichtigste und unwesentlichste Moment
der ganzen Frage und trifft in keinem Punkte auch nur entfernt
die Tiefe dieser Gegensätze und das Geheimniss der Geschichtschreibung. An der Oberfläche rathlos herumirrend, unterschätzt
diese Charakteristik die grosse Kluft zwischen zwei Felsen, und
vermag das Wesen der Schlosser'schen Leistungen ebensowenig
zu enthüllen als den gewaltigen Fortschritt zu bezeichnen, welchen
die Historiographie in dem zwischen Ranke und Schlosser liegenden Menschenalter gemacht hatte. Was in Wahrheit den
grössten Unterschied zwischen diesen Geschichtschreibern begründet, liegt weder in dem formalen Princip der Darstellung,
noch in der Stellung der Aufgabe als solcher, noch in den
höchsten Zielen der Wissenschaft, sondern in der Art und
Weise der Lösung jenes Problems, welches man als die Werthbeurtheilung in der Geschichte zu bezeichnen hat. Dass von
dieser Werthbeurtheilung der Dinge als einer Errungenschaft
der neueren Geschichtschreibung gegenüber der mittelalterlichen
überhaupt nicht mehr abgesehen werden darf, muss man als
ein Axiom betrachten, welchem sich längst kein Schriftsteller
mehr entziehen konnte. Dasselbe liegt in der allgemeinen literarischen und philosophischen Entwickelung, wie schon früher
bemerkt wurde, zu tief begründet, als dass jemand überhaupt
historiographische Beachtung finden könnte, der principiell
gegen jede Beurtheilung des Werthes der historischen Dinge
sich erklärte.[1] Aber freilich fängt die Schwierigkeit für alle
gleichmässig eben da an, wo man im Princip einig ist,
dass es in der Geschichte einen Werth der einzelnen Dinge
geben, und dass dieser zur Erkenntniss gebracht werden muss.
Denn auf welchem Wege der Geschichtsforscher zum Maass-
stabe dieses Werthes gelangt, in welcher Weise er den Werth
des Einzelnen vom Allgemeinen abhängig zeigt, welche Grenzen
dem Urtheile des Einzelnen in dieser Beziehung gesteckt sind,
aus welchen Momenten die Begründung der Werthbeurtheilung
von Erscheinungen, Personen, Handlungen — selbst von ganzen
Zeitaltern herzunehmen sein würde, dies sind Fragen von so
ausgedehnter Schwierigkeit und Ungleichheit der Lösung, dass
man es wohl begreift, wenn zwischen den bedeutendsten Geistern

[1] Vgl. Anmerkung Seite 140, 1; 147, 1.

auf diesen Gebieten die schärfsten Gegensätze bestanden und um so sicherer bestehen werden, je bedeutender sie sind. Denn jenen Glücklichen, welche sich jahrelanger friedlicher Beschäftigung mit der Geschichte erfreuten, denen aber niemals die Stunde geschlagen, in welcher sie unruhig nach den Werthen des ganzen geschichtlichen Lebens der Staaten und Menschen ausblickten, jenen zufriedenen Seelen — darüber sind ja alle Parteien einig — wird Schlosser nicht beigezählt werden können.

Man unterschätzt ohne Zweifel die Kämpfe und inneren Erfahrungen, aus welchen Schlosser's messerscharfe Beurtheilungen hervorgingen. Man hat zuweilen getadelt, dass er sich über manche Personen oder Sachen zu verschiedenen Zeiten verschieden aussprach — sicherlich kann man darin nur einen Beweis erblicken, welche gewaltige Gährung den Urtheilen des Mannes voranging, und wie er immer bemüht war den wahren Werth der Dinge zu erkennen. Sich so als redlicher Forscher nach dem Festen und Dauernden zu bemühen! In der That man darf sich nicht wundern, dass der Geschichtschreiber sich hierin mit Dante vergleichbar findet; und wenn es sich auch zeigen sollte, dass wir heute in keinem Urtheil mit Schlosser einverstanden wären, so hätte man doch wahrlich das Streben nicht verlästern dürfen, dass er ein Werthurtheil suchte und ohne dasselbe die ganze Aufgabe der Geschichtschreibung für ein nichtiges und grausames Spiel hielt. Gerade in der Energie und Festigkeit, mit welcher sich Schlosser immer und immer zur Urtheilschöpfung gedrängt sah, liegt das Merkmal seiner historiographischen Bedeutung. Wie er von dem Schauspiel der Weltbegebenheiten in seinem ganzen und tiefsten Innern erfüllt und erschüttert war, fand er sich keinen Augenblick gleichgiltig und theilnahmslos; indem er sich in das Ereigniss, um es verstehen und darstellen zu können, hineinlebte, empfand er sich überall als mitwirkenden Geist.

IV.

Dass in der Fähigkeit des Historikers, die Ereignisse fernerer und näherer Vergangenheiten innerlich mitzuerleben, die einzige sichere Gewähr dafür liegt, dass er sie allseitig zu beschreiben vermag, und dass hierin zugleich das Merkmal und die Beschaffenheit des wahrhaft historischen Geistes zu erblicken sei, wird wohl von niemand geläugnet werden können; aber ebenso sicher ist es, dass in dieser höchsten und erforderlichsten Eigenschaft des Historikers zugleich die häufigste Gefahr seiner Irrthümer liegt. Denn wenn auch die Lebendigkeit und Stärke der Reproduction des Geschehenen in dem Geiste des Historikers von der Antheilnahme unzertrennlich ist, so gibt es doch eine scharfgezogene Grenze für die letztere, welche in der subjectiven Operation einer Erzählung und Darstellung nur durch die äusserste Selbstbeobachtung, Beschränkung und Entsagung erreichbar ist. Das gewonnene Resultat der lebendigen Anschauung der Vergangenheit, welches nur durch Mitempfindung möglich ward, kann erst dadurch wieder rein zur Darstellung gelangen, dass man sich des eigenen Antheils so viel wie möglich wieder entschlägt. Aber diese letzte Anstrengung ist oft den begabtesten und stärksten Geistern am schwierigsten erreichbar gewesen, während andere Talente sich darin stark erweisen, dass sie die Fähigkeit der grösstmöglichen Selbstentäusserung in vorzüglichem Grade im letzten Stadium der historischen Reproduction besitzen. Wir wollen diesen inneren Vorgängen der Geschichtsdarstellung nicht weiter nachgehen und nicht im Einzelnen ausmalen, wie sich die eigenthümlichen Begabungen der grössten Meister eben in der stärkeren oder geringeren Kraftanwendung ihres Geistes während der einzelnen Stadien ihrer langen innerlichen Arbeit bei der Reproduction des Geschehenen zeigen; nur in Bezug auf jene, welche gerade den letzterwähnten Vorzug in hohem Maasse besitzen, möchte noch bemerkt werden, dass derselbe selbst mit den Eigenthümlichkeiten des Stils aufs innigste verwandt ist, und ohne Zweifel mit einem besonders ausgeprägten Vermögen plastischer Gestaltung zusammenhängt, von welchem später noch gesprochen werden soll.

Die Ungleichheit, welche zwischen den Historikern und ihren Fähigkeiten im Einzelnen besteht, findet sich aus den erwähnten Gründen auch zwischen den historiographischen Perioden im Grossen. Der Mensch des 18. Jahrhunderts, eine in ihrer Totalität überhaupt noch kaum gewürdigte Erscheinung, bietet der Geschichtsforschung die mannigfachsten Räthsel und es mag sich später zeigen, warum es für Schlosser besonders schwierig sein mochte, den Geist desselben zu erfassen, von dem er selbst ein wesentliches Stück war. In der Geschichtschreibung im allgemeinen wird man bemerken, dass jene Darstellungen, in welchen die Antheilnahme des Historikers an den Ereignissen den kräftigsten und durchschlagendsten Ausdruck zu nehmen pflegt — die Memoiren — im 18. Jahrhunderte bei weitem am meisten in der Blüthe standen. Auch jene, welche nicht die Form der Memoiren wählten, erzählten Dinge näherer Vergangenheit mit der vollen Theilnahme, welche wirklich oder scheinbar Miterlebtes zu bewirken pflegt. Die brillante Erzählung, der sichere Standpunkt, die klare Stellung zu dem Erzählten, das allzeit bereite Urtheil kennzeichnen die meisten Autoren des letzten Jahrhunderts. Zeigen diese Merkmale nun gleich auf den ersten Blick die Verwandtschaft mit Schlosser's spätbegonnenen und noch später vollendeten Werken, so wird es nicht schwer sein, auch die sachlichen Anknüpfungspunkte nochmals aufzudecken, welche speciell zwischen dem philosophischen Geiste der Zeit und dem staatsgeschichtlich politischen Hauptwerke Schlosser's bestehen. Macht ihn die Art seiner inneren Arbeit geeignet, in formeller Beziehung neben die Memoirenliteratur des 18. Jahrhunderts gestellt zu werden, so weisen die Urtheile, Anschauungen, Standpunkte des Geschichtschreibers auf ein festes System, welches man schon vermöge der gereizten Ausfälle Schlosser's gegen die spätere Philosophie und Politik unserer heutigen Zeit sicherlich nicht in unserem Jahrhundert suchen dürfte.

Trachten wir uns kurz zu vergegenwärtigen, welche Momente das Geschichtswerk des 18. Jahrhunderts bezeichnen. Wir sprechen dabei nicht von jenen Dingen, die wir zum Theil schon früher charakterisirt haben. Wenn er es als seinen Hauptzweck ansieht, ‚den Zusammenhang der politischen Begebenheiten mit dem häuslichen und bürgerlichen Leben und seinen Erscheinungen nachzuweisen‘, und wenn er ‚die ganze Gestaltung des Aeussern der civilisirten Gesellschaft, den Gang der inneren Bildung, die Hauptveränderungen des Theils der Literatur, welcher nicht ausschliessend die Gelehrten allein angeht, zu entwickeln beabsichtigt‘, so sind dies Gesichtspunkte, die sich nach alledem, was wir über seine universalhistorischen

Ideen sagten, gleichsam von selbst auch bei der Geschichte des 18. Jahrhunderts erwarten liessen. Die grössere Fülle der Ereignisse, die ihm für die neuere Geschichtsepoche zu Gebote standen, erleichterte ihm gewissermassen den Versuch, die Ereignisse des Staatslebens in ihre psychologischen Voraussetzungen aufzulösen und die Ideen des wirklichen Geschehens aus dem, was man kurzweg den ‚öffentlichen Geist' zu nennen pflegte, zu entwickeln. Dass gerade in dieser Beziehung einzelne Schilderungen, wie der Abschnitt über die Pariser geistreichen Kreise, einen packenden Eindruck niemals verfehlen werden, wäre wahrlich überflüssig, im Besonderen zu zeigen. Was jedoch das Werk über das 18. Jahrhundert gegenüber allen anderen bezeichnet, ist das bestimmte Hervortreten mit einem politischen Standpunkt — der Hinzutritt der politisch staatlichen Gesichtspunkte zu der Werthbeurtheilung der Ereignisse. Wenn man es kurz bezeichnen wollte, so dürfte man sagen, dass der kategorische Imperativ, welcher als steter Werthmesser und Regulator die geschichtliche Erscheinung in allen Zeiten und Ländergeschichten begleitet hatte, bei der Geschichte des 18. Jahrhunderts einen specifisch politischen Charakter angenommen und dass das allgemein menschlich gehaltene und gestaltete Sittenprincip, welches uns bei den universalhistorischen Arbeiten Schlosser's schon früher entgegentrat, nunmehr mit einer specielleren politischen Ueberzeugung durchsetzt erscheint.

Man bezeichnete Schlosser's Standpunkt unzählige Male als einen moralisirenden, allein die Eigenthümlichkeit seiner Beurtheilungen ist damit nicht erschöpft.[1] Was seine Kritik besonders in der Geschichte des 18. Jahrhunderts auszeichnet, ist

---

[1] In diesem Punkte kann man wohl sagen, dass Gervinus, wenn er Schlosser als den Urtypus des rein historischen Geistes im Nekrolog darstellte, von den Gegenschriften, insbesondere in dem Aufsatze der historischen Zeitschrift a. a. O. VIII. vollständig und mit Grund widerlegt wurde. Gervinus scheint von den philosophischen Grundlagen Kant's nichts gewusst, dieselben nicht erkannt oder nicht aufgesucht zu haben. Gervinus selbst, dessen schwache Seite die Geschichte der Philosophie und diese selbst stets gewesen, hatte keine Ahnung mehr davon, wie die nächst vor ihm stehende Generation von der Aufklärungsliteratur im Allgemeinen und von Kant im Speciellen geradezu imprägnirt war. Weil davon nicht viel geredet wurde — eben weil es den älteren Männern selbstverständlich war — glaubte Gervinus nicht an den Zusammenhang seines Meisters

die vollständige Identificirung der Forderungen von Politik und Moral. Diese fast naiv erscheinende Abmessung und Anpassung jeglicher politischen Handlung, jedes die Staats- und Rechtsverhältnisse betreffenden Ereignisses auf die Maasstäbe dessen, was er das Sittengesetz nennt, diese vollständige Ausschliessung aller in sich beruhenden politischen Erwägungen dürfte man doch im Ernste nicht als einen Ausfluss einer blos schulmeisterlichen Stimmung erachten, welche durch Decennien angestrengter Arbeit sich immer mehr verrannt und verbittert haben müsste. Er war ein Feind aller sogenannten Staatspraxis, welche mit den als vernünftig erkannten Principien des gesellschaftlichen Lebens im Widerspruche stand.[1] Niemand wurde heftiger getadelt, als solche Personen, welche, wie Kant es fasste, dem ‚Gemeinspruch‘ huldigten: ‚Das mag in der Theorie richtig sein, taugt aber nicht für die Praxis‘.[2] Nicht die Freude am Tadel, wie man wohl fälschlich vorwarf, sondern die tiefgehende Ueberzeugung, dass es ein sicheres, sittliches Maass auch in der Politik für jeden Handelnden gibt, war es, was einzig und allein den Muth zu verleihen vermochte, so nachhaltige und unbeugsame Kritik zu üben. Sehen wir nun aber näher zu, so ist diese Identificirung von Politik und Moral durchaus kein Gedanke, welcher ursprünglich aus Schlosser's historischen Studien erwachsen oder ihm besonders eigenthümlich wäre. Mehrere Generationen waren davon völlig erfüllt und nährten

mit der Philosophie, obwohl dieser selbst erzählt, wie eifrig und lange er sich mit dieser Sache beschäftigt hatte.

[1] Bekanntlich war Schlosser ein eifriger Gegner von Hobbes, dessen Lehre in der gleich zu erwähnenden Abhandlung von Kant in einer für die Beurtheilungen Schlosser's so bezeichnenden Weise widerlegt wird, dass man den ganzen betreffenden Abschnitt hier wiederholen müsste. Kant nennt den Satz, dass das Staatsoberhaupt durch Vertrag dem Volke zu nichts verbunden sei und dem Bürger nicht Unrecht thun kann, erschrecklich. Aber auch die oft hervorgehobene scharfe Verurtheilung jener, welche sich dem Staatsoberhaupte mit Gewalt widersetzen, worüber man sich bei Schlosser's demokratischen Principien so oft verwundert hat, ist ganz Kantisch. Will man die geistigen Differenzpunkte zwischen Schlosser und Ranke bis in die tiefsten Gedanken verfolgen, so muss man Englische Geschichte Buch 15, Cap. 12 lesen; aus der Stellung zu Hobbes wird man dann die wirklichen Gegensätze des historischen Urtheils beider fliessen sehen.

[2] W. W. VI. 305.

den Glaubenssatz, dass zwischen Moral und Politik kein Widerspruch sein könne. Dass diese weit verbreitete Anschauung schulmässig auf Kant's Lehren zurückging, mochte man in weiteren Kreisen vergessen haben und auch Schlosser war zu sehr ein Feind alles schulmässigen Autoritätsglaubens, als dass er sich irgend zu seiner Rechtfertigung auf den grossen Philosophen zu berufen für nöthig gefunden hätte; aber der Einfluss der Kantischen Anschauungen wird wohl nicht zu verkennen sein, wenn wir den Anhang der Abhandlung ‚zum ewigen Frieden' lesen:[1] ‚Die Moral ist schon an sich selbst eine Praxis in objectiver Bedeutung als Inbegriff von unbedingt gebietenden Gesetzen, nach denen wir handeln sollen, und es ist offenbare Ungereimtheit, nachdem man diesem Pflichtbegriff seine Autorität zugestanden hat, noch sagen zu wollen, dass man es doch nicht könne. Denn alsdann fällt dieser Begriff von selbst weg (ultra posse nemo obligatur); mithin kann es keinen Streit der Politik, als ausübender Rechtslehre mit der Moral, als einer solchen aber theoretischen (mithin keinen Streit der Praxis mit der Theorie) geben; man müsste denn unter der letzteren eine allgemeine Klugheitslehre, d. i. eine Theorie der Maximen verstehen, zu seinen auf Vortheil berechneten Absichten die tauglichsten Mittel zu wählen, d. i. leugnen, dass es überhaupt eine Moral gebe'. Und wenn Kant weiter sagt: ‚Ich kann mir nun zwar einen moralischen Politiker, d. i. einen, der die Principien der Staatsklugheit so nimmt, dass sie mit der Moral zusammen bestehen können, aber nicht einen politischen Moralisten denken, der sich eine Moral so schmiedet, wie es der Vortheil des Staatsmannes sich zuträglich findet', — so wird man wohl deutlich den Standpunkt bezeichnet finden, den Schlosser in seinem ganzen Werke mit starrster Consequenz aufrecht hält. Es kann uns zwar nicht darauf ankommen, den ganzen politischen Katechismus zu erschöpfen, nach welchem man fast mit mathematischer Sicherheit jegliches Urtheil Schlosser's

---

[1] W. W. VI. 437. Ueber die Misshelligkeit zwischen der Moral und der Politik, in Absicht auf den ewigen Frieden. ‚Das Recht muss nicht der Politik, wohl aber die Politik jederzeit dem Rechte angepasst werden', heisst es ebd. 311 in dem Aufsatz gegen Benjamin Constant (über ein vermeintliches Recht, aus Menschenliebe zu lügen) und S. 446: Es gibt objectiv gar keinen Streit zwischen der Moral und Politik u. s. w.

in seinem 18. Jahrhundert zu construiren vermöchte, aber wie vieles davon geradezu und ausdrücklich von dem grossen Philosophen ausgesprochen wurde, möchte doch eine kurze Erörterung verdienen: Wenn Kant als die sophistischen Maximen jenes Politikers, welcher die Moral läugnet, hinstellt: 1. Fac et excusa, 2. si fecisti nega, 3. divide et impera,[1] so wird man so ziemlich die grössten Verbrechen genannt haben, welche jedes Mal dem vernichtendsten Urtheile in dem Geschichtswerke Schlosser's anheimfallen. Nicht leicht geräth Schlosser in glühenderen Zorn als wenn er die Fallen und Hinterthüren der Diplomaten geisselt, welche, indem sie den Frieden verhandeln, schon den Anlass zum nächsten Krieg bereiten: Der erste Präliminarartikel zum ewigen Frieden unter den Staaten lautet bei Kant:[1] ‚Es soll kein Friedensschluss für einen solchen gelten, der mit dem geheimen Vorbehalt des Stoffs zu einem künftigen Kriege gemacht worden'. Wer hat nicht öfters über Schlosser's Grimm gelächelt, wenn er von dem Länder- und Seelenschacher des vorigen Jahrhunderts handelt. Zweiter Artikel des ewigen Friedens: ‚Es soll kein für sich bestehender Staat (klein oder gross, das gilt hier gleichviel) von einem anderen Staate durch Erbung, Tausch, Kauf oder Schenkung erworben werden können.' Wenn Kant ferner die Staatsschulden zum Zwecke äusserer Staatshändel verpönt, und wenn der fünfte Artikel des ewigen Friedens lautet: ‚Kein Staat soll sich in die Verfassung und Regierung eines anderen Staates gewaltthätig einmischen,' so

---

[1] Man muss nur die Stelle (ebd. VI. 440) lesen, wo Kant gegen die ‚Praktiken' der Politiker redet, welche in allen Sätteln gerecht sind, welche eben so recht aus dem Vollen der Zustände des 18. Jahrhunderts geschrieben ist, um die Verwandtschaft dieser Kritik mit derjenigen Schlosser's zu empfinden. Was die von Kant bezeichneten sophistischen Maximen anbelangt, so ist freilich richtig, dass man, um den Abscheu Schlosser's gegen dieselben zu erklären, nicht nothwendig auf Kant verweisen müsste. Wenn man aber Kant's Erklärungen dieser Grundsätze liest (ebd. 442), so wird man auch wohl sagen können, es sind bewusst oder unbewusst dieselben politisch-moralischen Ansichten, welche Schlosser in der geschichtlichen Beurtheilung ausschliesslich vertritt.

[2] W. W. VI. 408 ff. Man darf wohl auch an den S. 419 vorkommenden Satz erinnern: ‚Alle Regierungsform nämlich, die nicht repräsentativ ist, ist eigentlich eine Unform, weil der Gesetzgeber in einer und derselben Person zugleich Vollstrecker seines Willens' u. s. w.

wird man sich nur einigermassen in Schlosser's Büchern umgesehen zu haben brauchen, um sofort in den angeführten Sätzen die wahrhaften Lieblingsmaximen unseres Geschichtschreibers wiederzuerkennen. Unter ‚den Grundzügen' der Geschichte des 18. Jahrhunderts hat Weber einmal die ‚demokratische Färbung' als vorzugsweise charakteristisch mit vielen Beispielen nachzuweisen gesucht.[1] Schlosser selbst hätte sich sicherlich nicht gerne als Demokraten bezeichnet gesehen, und man kann auch wohl nicht anders sagen, als dass es einem tieferen Geiste gegenüber unfein erscheint, mit einem so vieldeutigen und zum Theil anrüchigen Begriff die ganze Grundlage einer sorgfältig durchgearbeiteten Werthbeurtheilung geschichtlicher Dinge charakterisiren zu wollen. Sollten wirklich neun Bände nöthig gewesen sein, um in unserer Zeit etwas demokratische Luft zu verbreiten? Würde man sich ernsthafter den grossen, geistigen Zusammenhang der Wissenschaften vergegenwärtigen und sich nicht begnügen mit einigen Schlagworten zu charakterisiren, sondern die Ideen, von welchen die Geschichtschreibung stets beeinflusst, war in den benachbarten

---

[1] Die Stellen, welche Schlosser's demokratische Gesinnung beweisen sollen, stellt Weber a. a. O. S. 331 zusammen; er scheint aber denn doch empfunden zu haben, dass sich der Meister ebenso häufig gegen die Demokratie erhebt und sammelt auch die entgegengesetzten Stellen, indem er sagt: ‚Schlosser ist weniger aus demokratischen Grundsätzen Sachwalter des Volkes, als aus einem echt menschlichen Mitgefühl mit dem Schwachen und Bedrückten'. Staunenswerth ist, dass sich auch Gervinus mit der demokratischen Gesinnung Schlosser's nicht recht zu helfen wusste: ‚Seine demokratische Gesinnung ruhte vielmehr auf den edelsten menschlichen Grundlagen, auf denen sie überhaupt gedacht werden kann'. (!) Nekrolog S. 39. Wir denken, seine demokratische Gesinnung ruhte vielmehr in Immanuel Kant: ‚Unter den drei Staatsformen ist die der Demokratie im eigentlichen Verstande des Wortes nothwendig ein Despotismus, weil sie eine executive Gewalt gründet, da Alle über und allenfalls auch wider Einen (der also nicht mitstimmt), mithin Alle, die doch nicht Alle sind, beschliessen; welches ein Widerspruch des allgemeinen Willens mit sich selbst und mit der Freiheit ist'. Doch wir müssen es fast für nutzlos halten, aus Kant einzelne Sätze solcher Art herauszureissen; der Kenner dieses Philosophen und der Kenner dieses Geschichtschreibers kann — wir sind dessen gewiss — die Verwandtschaft ihrer Ansichten keinen Augenblick läugnen, sobald einmal der gleichsam das Räthsel lösende Hinweis gemacht ist.

Gebieten und Literaturen aufzusuchen, so hätte man ebenfalls in Kant's Werken ein bezeichnenderes Capitel für das bemerken können, was man mit dem unsicheren Begriff der ‚demokratischen Färbung' ausdrückt; denn in welchem Sinne und Umfang Schlosser die ‚Gleichheit' verstand, findet man nirgends besser erklärt, als in der Abhandlung über das Verhältniss der Theorie zur Praxis im Staatsrecht. Wenn wir aus derselben einige Hauptsätze hervorheben, so möchten wir nur den Standpunkt angedeutet haben, den auch Schlosser ohngefähr einnimmt; von einer förmlichen Benutzung und bewussten Uebertragung und Anwendung Kantischer Sätze in die Darstellung der Geschichte des 18. Jahrhunderts kann natürlich keine Rede sein. Den sogenannten vernünftigen Staat aber und die moralische Staatskunst findet man hier wie dort ‚auf folgende Principien a priori' gegründet: 1. die Freiheit jedes Gliedes der Societät, als Menschen; 2. die Gleichheit desselben mit jedem anderen, als Unterthan; 3. die Selbstständigkeit jedes Gliedes eines gemeinen Wesens als Bürgers' u. s. w.[1]

Hiermit glauben wir die Maasstäbe und Grundlagen der Schlosser'schen Werthbeurtheilung in der Geschichte des achtzehnten Jahrhunderts blossgelegt zu haben. Es mag gestattet sein, es nochmals zu wiederholen, dass es sich dabei nicht um eine rechthaberische Anpreisung des Kantischen Einflusses im Einzelnen, sondern um die Feststellung der allgemeinen geistigen Strömung handelt, unter welcher Schlosser's ganze Thätigkeit zu erklären ist. Dass er für seine Person auf einem festen Gefüge von Ueberzeugungen und Gedanken stand, ist allgemein zugestanden worden, dass aber seine Geschichtschreibung in der That nichts als der Ausdruck einer ausgeprägten philosophischen Epoche der deutschen Literatur war, scheint bisher etwas zu wenig beachtet worden zu sein, obwohl die Geschichte aller Wissenschaften den immensen Einfluss Kant's auf die

---

[1] W. W. VI. 322, wo auch für die Freiheit die so oft wiederholte Kantische Formel zu finden, dass Jeder davon so viel zu seiner Glückseligkeit geniesst, als er nur der Freiheit Anderer, einem ähnlichen Zwecke nachzustreben u. s. w. nicht Abbruch thut. Dasselbe gilt von dem Begriffe der Gleichheit, und von dem Unterschiede des imperium non paternale sed patrioticum — alles Grundsätze, wovon die beurtheilende Nutzanwendung fortwährend bei Schlosser zu finden ist.

verschiedensten Gebiete und Disciplinen nachweist und die gleiche Erscheinung in der Geschichte als solcher daher weder auffallend und unerwartet, noch besonders überraschend sein könnte.

Erinnert man sich nun an die in der Einleitung und Widmung von Schlosser erregte Hoffnung, dass er als ein anderer Dante unter den Leichen des 18. Jahrhunderts wandeln werde, so muss man sagen, dass sein Standpunkt zwar vermöge des gemeinsamen Rigorismus, Aehnlichkeit mit demjenigen Dante's hatte, dass es aber doch eine durch jene sogenannte demokratische Zeitfärbung sehr verschiedene Weltanschauung war, die Schlosser vertrat, und von welcher Dante's Paradies vollkommen unbeeinflusst war. Wenn man aber näher zusieht, so entpuppt sich das feierlich verkündete Dante'sche Weltgericht als der schulmässige Kantische Kriticismus, von welchem der deutsche Bürger und Gelehrte eine lange Epoche hindurch vollkommen erfüllt war, und welcher denselben innerlich befriedigte, mochte er ihm in Form einer rationalistisch angesäuselten Predigt, mochte er ihm in den systematischen Darstellungen der Rechts- und Staatslehre, oder in dem strengen Gewande des geschichtlichen Richters erscheinen.

Wäre nun aber der ethische Standpunkt Kant's für die Geschichte ein- für allemal geeignet, so müsste derselbe um so mehr gegenüber den Ereignissen und Personen des 18. Jahrhunderts ganz vorzugsweise die Probe halten, da er ja selbst in die Zeit und zu der Zeit gehört, die er messen und beurtheilen will. Und da der Maasstab der Werthe, welcher von Schlosser angelegt wurde, nicht aus einer fremden Epoche, nicht aus einem fernen Zeitalter hergenommen, sondern ein solcher ist, der gleichsam mitten aus der geistigen und sittlichen Welt des 18. Jahrhunderts selbst hervorgewachsen war, so müsste, wenn es nur darauf ankäme, keine Anachronismen in den geschichtlichen Werthurtheilen zu begehen, der Kantische Rigorismus für die Geschichte des 18. Jahrhundert ein wahres Arcanum historischer Gerechtigkeit dargeboten haben.[1]

---

[1] Für diejenigen selbst seiner eifrigsten Verehrer, welche mit den Gemeinworten des Demokratismus und Liberalismus Schlosser's Geschichtschreibung charakterisiren zu können meinten, bildete das erst im Archiv für Geschichte und Literatur Bd. 5 und 6 dann selbständig erschienene Werk

Leider wird sich aber niemand heute mehr finden, welcher von der Schlosser'schen Geschichte des 18. Jahrhunderts nicht gerade das Gegentheil behaupten würde. Einer ausserordentlichen Menge von Personen ist auch nicht entfernt jene Würdigung zu Theil geworden, welche sie verdienten und dass das ganze Zeitalter mit seinen sorgfältig gepflegten Staatsgeheimnissen, lange vorbereiteten Plänen und verschlungenen politischen Pfaden im Ganzen richtig gezeichnet wäre, wird ebensowenig behauptet werden können. Selbst die individuellen Gestalten, der Mensch als solcher, der Schriftsteller, der Staatsmann werden — man wird dies zugestehen — von Schlosser mit wenig Verständniss für die persönlichen Eigenthümlichkeiten und überall gewissermassen nur nach der Schablone ihres Standes behandelt. Während der Mensch des vorigen Jahrhunderts ein in der That sehr verschnörkeltes Wesen war, gleich dem Stil seiner Bauten und den Formen seiner Kleidertrachten, erscheint er in dem Schlosser'schen Geschichtswerk fast überall nur in der gleichmässigen Uniform eines Diplomaten oder Soldaten, nicht selten auch da in karikirter Gestalt. Die hastig zufahrende Art, jeden sofort unter das allgemeine Maass zu beugen, lässt den Geschichtschreiber selten zur nöthigen Ruhe gelangen, um feinere Nuancen des Seelenlebens glücklich

über Napoleon immer eine Art von Räthsel. Wenn Schlosser selbst bemerkt, dass sein Buch über Napoleon im Gegensatze zu dem moralischen Standpunkt der Geschichte des 18. und 19. Jahrhunderts die Begebenheiten mehr von der politischen Seite betrachten solle, so schien hierin allerdings eine gewisse Abweichung von seinem sonst Politik und Moral identificirenden Beurtheilungsweise zu liegen, allein es scheint auch nur so. Das Werk über Napoleon ist im Grunde eine Leistung, welche sich im Gebiete der kritischen Feststellung des Thatsächlichen bewegt, wobei die Einflussnahme solcher Personen, welche Napoleon nahe gestanden hatten, unverkennbar ist. Dass dieses persönliche Zeugniss für Schlosser den höchsten moralischen Werth zu gleicher Zeit hatte, das ist es was man gewöhnlich ausser Acht lässt. Im Uebrigen hat nie Jemand läugnen können, dass die zum Theil treffliche Kritik französischer und deutscher Schriftsteller über Napoleon eine solche war, welche bleibenden Werth hatte. Es liegt aber ausserhalb unserer hier anzustellenden Betrachtungen, diese kritische Geschichtsstudie näher zu besprechen. Nebenbei bemerkt, zeichnet sich das Buch über Napoleon durch einen glatten Stil und manche trefflich gerundete Darstellung aus, worin man Schlosser kaum wiederzuerkennen meint.

zu charakterisiren. Unter dem Eindruck eines Moralgesetzes, welches vermöge seiner weiten Dehnbarkeit und seines formalistischen Charakters überall und jederzeit und bis in die kleinsten Nebenumstände hinein anwendbar ist und sich geltend machen darf, kann keine freie historische Darstellung gedeihen, kein Ereigniss vermag sich vor den Blicken des Lesers zu entwickeln. Bevor noch die Handlung eines Menschen in ihrer historischen Verzweigung nach allen Seiten hin beobachtet und dargelegt wurde, wird sie bereits von dem Schicksal des gleichsam im Hintergrunde lauernden Rigorismus erfasst und sittlich vernichtet.

So ist die Geschichte des 18. Jahrhunderts nirgends zur Vollendung eines wirklich eingreifenden Gemäldes gekommen, überall bricht das Urtheil plötzlich und mächtig herein, und wenn die Geschichte des 18. Jahrhunderts schon stofflich die Schwierigkeit bietet, dass am Ende der Epoche die französische Revolution viele Keime dessen zerstörte, was auf dem Wege innerer Gesetzgebung und legaler Entwickelung angebahnt war, so wirkten in Schlosser's Darstellung gewissermassen subjective und objective Momente wetteifernd zusammen, um jeden ruhigen Eindruck unmöglich zu machen. Wer erinnert sich hiebei nicht gewisser ewig wiederkehrender Phrasen: ‚Ohne Scheu und Scham' werden nach Schlosser Verträge gebrochen, regieren die Maitressen der Fürsten, ohne Scheu und Scham wird das Aussaugungssystem eines Grafen Brühl oder des Juden Süss in Anwendung gebracht, und wenn vollends Katharina II. geschildert wird, so ist der moralischen Verdammung kein Ende. Selbst der Stil Schlosser's benimmt seiner Darstellung die Anschaulichkeit, obwohl Gervinus, der eine ähnliche Art zu schreiben hatte, auch hierin ein Muster der Historik erblicken wollte. Heinrich Laube hat einmal im Hinblick auf die das Theater betreffenden Urtheile von Gervinus, die Bemerkung gemacht, dass ihm, wie den meisten Gelehrten, die plastische Phantasie fehle und man kann in der That, sowohl über Schlosser wie über Gervinus nichts Treffenderes in Bezug auf ihre Schreibart sagen. Laube sieht ganz richtig in diesem Mangel an plastischem Geiste die Ursache eines unruhigen Stils, wie wenn sich die Gedanken in einer dunkeln Kammer drängen, schieben, stossen und nirgends zur Ruhe kommen können. Auch steht damit im innigsten Zusammenhange, dass der Schriftsteller selbst keine rechte Empfindung davon erlangt, wenn er dem objectiven Gehalt eines Ereignisses in der Erzählung nicht genug gethan und das eigene Urtheil nicht an der Stelle angebracht hat, wo es wirkungsvoller und doch weniger störend wäre. Wer die historiographischen Geheimnisse einigermassen belauscht hat, der wird wissen, dass jemand, welcher die Kunst plastischer Darstellung besitzt, oft nur eine ganz unscheinbare kleine Lichtöffnung bedarf, um eine ganze Situation in die grellste Beleuchtung des historischen Urtheils zu setzen, und während manche geneigt sein werden, in diesen Dingen die Merkmale der sogenannten objectiven Geschichtschreibung zu sehen, sind es nichts als Wirkungen eines plastisch angelegten Kopfes, welche sich im Stil wie in der Darstellungsweise äussern. Es wäre leicht die Namen unter den alten und neuen Geschichtschreibern zusammenzustellen, welche in hervorragendem Maasse die von Laube so trefflich geschilderten Eigenschaften des Geistes besitzen, durch welche in der That eine gewisse Verwandtschaft zwischen einem Theaterdirector und einem Geschichtschreiber bestehen muss.

Wenn nun aber trotz der ungünstigen Verhältnisse, unter welchen alle Werthbeurtheilung der Dinge in der Schlosser'schen Geschichtschreibung erscheint, getrübt durch Mängel, welche wir hauptsächlich auf die Darstellungskunst und den Stil beziehen mussten, der Eindruck des Werkes doch ein gewaltiger war und im Ganzen und Grossen auch heute noch sein wird, so muss man zu der Einsicht gelangen, dass gerade dieser feste markige Standpunkt, der so vielfach von der Kritik verlästert worden ist, seine Wirkung macht. Das, was Schlosser das ‚Dantische Element' seiner Geschichtschreibung genannt wissen wollte, ist es, was das Wohlgefallen an seinen Büchern hervorrief; dass er mit unerbittlicher Consequenz über den Häuptern der Mächtigen, wie der Schwachen die Zuchtruthe des Rechts und des unveräusserlichen Sittengebots zu schwingen verstand, trug ihm die Bewunderung seiner Leser ein. Man täusche sich nicht darüber, es gewährte eine trostvolle Genugthuung zu sehen, wie auch der Geschichtschreiber die Pfade der Unterwelt zu betreten wagte, in die Hölle verstiess, und ohne Sorge um Gunst oder Ungunst Könige und

Kaiser verdammte. Und musste es andererseits nicht auch wieder einen erhebenden Eindruck machen, wenn man die auserwähltesten Geister des Jahrhunderts, denen die Zukunft der Welt gehörte, in paradiesische Höhen gehoben sah, Dichter und Philosophen, die Sprecher der Menschheit, welche dem politischen Leben der Völker voranschreiten, öfters unbemerkt, nicht selten verketzert, immer aber in jene lichten Höhen gestellt, wo der Geschichtschreiber bereits das Donnergebrause der Menschenrechte vernimmt, während die Politiker und Diplomaten noch um die Erbfolgefragen der Könige streiten.

Was man auch sagen mag, die scharfe, gewaltige Werthbeurtheilung ist es allein und ganz ausschliesslich, welche dem Schlosser'schen Geschichtswerk Leser, Bewunderer verschaffte, ja sagen wir es nur offen, worin das wirkliche und unvergängliche Verdienst des Mannes ruht. Das nie und nimmer zurückzudrängende Bedürfniss der Werthbeurtheilung geschichtlicher Dinge hat Schlosser wohl im Uebermaass und allzu hastig befriedigen wollen, dennoch aber sicherte es ihm den Erfolg. Sollte die neuere Kritik sich wirklich einbilden, dass sie den Standpunkt der Werthbeurtheilung entbehren könnte, so wird sie nur zu bald die Erfahrung machen müssen, dass jeder gebildete Mensch das geistlos trockene Brot, welches eine sogenannte exacte Geschichtschreibung in Form von Urkundenregesten und Jahrbüchern darbietet, ungenossen bei Seite liegen lässt und lieber gar keine historische Kenntniss, als einen blossen Brei von Thatsachen annehmen wird. Der Platz, welcher Schlosser in der Geschichte der Historiographie dauernd gebührt, ist der, dass er für die wirkliche Aufgabe des Geschichtschreibers eine concrete Empfindung geschaffen hat, die man vergeblich bemüht sein wird, noch einmal hinwegzuraisonniren.

Wenn wir nun aber Schlosser die volle Gerechtigkeit in Bezug auf seinen Standpunkt einer strengen Werthbeurtheilung widerfahren lassen, sagen wir damit etwa, dass seine Werthbeurtheilung die richtige war? widerspricht diese Meinung dem andern früher gezeigten Resultate unserer Betrachtung, dass die Geschichte des 18. Jahrhunderts unter den Maasstäben Schlosser's vielfach verzerrt und verrenkt wurde? Sind es seine

Maasstäbe, die man etwa canonisiren muss, weil wir einsehen, dass eine Geschichtschreibung ohne Maasstäbe überhaupt besser dem Strom der Vergessenheit angehörte?

V.

Indem wir uns dem Ende unserer Erörterungen nähern, möge es gestattet sein, die Entwickelung ins Auge zu fassen, welche die Geschichtschreibung überhaupt genommen. Als Schlosser sein Werk beendigte, fand er sich bekanntlich wie in einer fremden Welt; der Beifall, der ihm sonst allgemeiner entgegenkam, hatte sich zum Theil anderen Richtungen zugewendet; er selbst legte, mit harten Worten über seine Zeit seinen historischen Griffel nieder: ‚Diese ganze Zeit und ihre Bildung ist in den letzten Jahren von uns abgewichen und wir von ihr, so dass wir gewissermassen aufgehört haben Zeitgenossen der Begebenheiten zu sein, die rund um uns vorgehen'. Er hatte die richtige Empfindung, dass eine Welt lebte, welche seine Maasstäbe nicht mehr als die ihrigen annahm.[1] Der Kant'sche Rigorismus hatte sich auch in der Geschichtschreibung längst vollständig überlebt. Nur achselzuckend vermochten die jüngeren Historiker eine moralische Schulmeisterei zu erblicken, welche den grossen Apparat der Geschichtswissenschaft in Anspruch nahm, um das zu lehren, was man über Politik und Staatswesen aus dem Vernunft- und Naturrecht kürzer und einfacher erfahren konnte. Was die Ideen der Geschichte betraf, so war man durch eine Reihe von Systemen und Philosophien

---

[1] Wozu noch zu bemerken ist, dass er gleichsam selbst das Eingeständniss machte, er habe Geschichte zu dem Zwecke geschrieben, um ein verdorbenes Geschlecht zu ermahnen und dadurch zu verbessern! ‚Wir überlassen übrigens in unserem vierundachtzigsten Jahre die Kritik unserer Zeit und unserer Zeitgenossen anderen Beurtheilern, weil wir eingestehen, dass wir der Aufgabe, ein auf verschiedenen Seiten und nach verschiedenen Richtungen verdorbenes Geschlecht zu ermahnen und dadurch zu verbessern, nicht gewachsen sind'. Heute wird es viele junge Historiker geben, die gar nicht begreifen, was der alte Mann mit diesem Worte in einem Geschichtsbuche sagen wollte: So sehr ist uns die Frage Schiller's, wozu man Geschichte studiere, durch deren Beantwortung er ein ganzes Menschenalter hingerissen hat, völlig abhanden gekommen.

hindurchgetrieben worden, welche mehr Entmuthigung, Enttäuschung und Gleichgiltigkeit als wirkliche Resultate zurückgelassen hatten.[1] Die Frage der Werthbeurtheilung wurde zwar von keinem bedeutenderen Geschichtschreiber bei Ausübung seines historischen Berufes umgangen, aber zu einer klaren Lösung des Begriffes und der Aufgabe der Geschichtschreibung ist es in dieser Beziehung auch heute durchaus nicht gekommen. Blicken wir ohne auf die Stadien der historiographischen Entwickelung Rücksicht zu nehmen, nur auf das was heute der Geschichtschreiber gewöhnlich über die Werthbeurtheilung zu denken pflegt, so schallt von allen Seiten der Ruf nach Sittlichkeit sofort entgegen. Eine gewisse Hochachtung sogenannter sittlicher Grundsätze wird gewöhnlich als ein Hauptmoment der Geschichtschreibung verlangt. Soweit sich neuere Geschichtsforscher über Principienfragen ausgesprochen haben, — es geschah aber selten — ermangelten sie fast nie an die Grundsätze der Sittlichkeit zu appelliren. Man wird sich vielleicht erinnern, dass der jetzt längst verstummte Streit gegen Buckle von deutschen Historikern hauptsächlich im Namen des Sittengesetzes geführt worden ist.[2] Freilich von was für einer

[1] Als Hegel's Philosophie der Geschichte erschienen war, wunderte sich Alexander von Humboldt, dass der Philosoph ‚fabelt‘, das europäische Rindfleisch sei besser als das amerikanische, an Varnhagen 1. Juli 1837. Um Weniges später wollte kein Historiker mehr davon wissen, dass die Völker, ein jedes etwas repräsentiren müssen, ‚damit erfüllet werde‘, ‚was der Philosoph verheisst‘, wie auch Alexander von Humboldt gleich anfänglich bemerkte. Ob man von diesen Erscheinungen die volle Loslösung der Geschichtswissenschaft von der Speculation datiren will, muss dem Geschichtschreiber der Historiographie zu entscheiden überlassen bleiben. Darin werden alle einverstanden sein, dass die letzte Phase unserer historiographischen Entwickelung mit der allgemeinen Ueberzeugung beginnt, dass die Geschichtsforschung auf sich selbst gestellt, in eigener und eigenständiger Methode ihre wissenschaftlichen Aufgaben fasst und löst. Darüber ist, so viel wir sehen, kein Streit, welches aber sind die Aufgaben?

[2] Es ist nicht entfernt unsere Absicht, in die Prüfung der Ansichten des wunderlichsten Geschichtsphilosophen Englands einzutreten, der das Verdienst hatte, die Historiker Deutschlands einigermassen aufgerüttelt zu haben. Wir erwähnen ihn hier nur insofern, als Droysen in dem Protest gegen dessen Ansichten (historische Zeitschrift IX. 1—22, allerdings etwas kurz geschürzt) die Bedeutung des sittlichen Verständnisses (?) der Geschichte sehr entschieden betonte. Leider sprach sich aber Droysen über das, was Ethik sei, nicht aus, und wir gestehen unsererseits, es durchaus

Sittlichkeit, von welchem sittlichen Maasstab der Historiker eigentlich Gebrauch machen soll, darüber herrschte bei Besprechungen dieser Frage gewöhnlich eine tiefe Dunkelheit. Sollen wir die Schlosser'schen Sittenprincipien, d. h. den kategorischen Imperativ Kant's noch einmal zur Anwendung bringen, oder ist es darauf abgesehen die Geschichtschreiber auf die vor Kant liegenden Vorstellungen, vielleicht gar auf die Grundsätze der christlichen Sittenlehre zurückzuweisen?

Es ist sicher merkwürdig, dass in einer Generation wie unsere heutige die einschneidendsten Verwerfungsurtheile gegen Schlosser's rigoristisch moralisirenden Standpunkt so tiefgreifend auftreten konnten, dass man überhaupt jede werthbeurtheilende Methode in der Geschichte angriff, und andererseits ein grosses Geschrei darüber erhoben wurde, als Buckle erklärte, er könne vom historischen Standpunkt den sittlichen Factor in den Ereignissen nicht in Rechnung ziehen, weil derselbe überhaupt ein constanter und daher nicht zu erklärender sei.[1]

nicht von selbst zu wissen. Droysen sagt: ‚Die ethische, die geschichtliche Welt verstehen wollen, heisst vor allem erkennen, dass sie weder nur doketisch, noch nur Stoffwechsel ist'. Auch weiters stellt er ethisch und geschichtlich zusammen, er scheint also alles Geschichtliche für ethisch und umgekehrt zu halten. Wenn aber der Satz wahr ist, dass Alles, was sich ereignet, d. i. geschichtlich ist, auch ethisch ist, so folgt, dass entweder alles Geschehende dem Sittengesetz entspricht oder Alles demselben widerspricht, womit ich dann keinen Maasstab gewonnen habe, sondern nur eine Umschreibung derselben Sache. Falls aber einiges Geschehende dem Ethos gemäss ist, anderes nicht, so muss ich doch nothwendig wissen, was ethisch ist, und dann ist nicht alles Geschichtliche ethisch, sondern nur einiges. Im letzteren Falle scheint Droysen etwas verschwiegen zu haben oder selbst nicht zu wissen, was eben das punctum quaestionis wäre. Im Uebrigen bemerke ich noch, dass die Willensfrage, welche bekanntlich eine alte ist, mit der Frage der Beurtheilung gar nicht im nothwendigen Zusammenhange steht, sondern für die Geschichte gewiss erst in zweiter und dritter Linie in Betracht kommt. Denn es kann Jemand in einer geschichtlichen Handlung grossen Werth finden, wenn er die Freiheit des Willens läugnet, ebenso gut wie der, welcher vollständiger Indeterminist ist. — Auf dieses interne Gebiet der Philosophie, oder, um bei Kant zu bleiben, auf die Metaphysik der Sittenlehre überzugehen, ist für den Historiker jedenfalls vollkommen überflüssig, und es ist bedenklich, wenn er diese Frage auf vier Seiten erledigen will.

[1] Ganz vortrefflich handelte Usinger über Buckle, historische Zeitschrift XIX. 24 ff., der, indem er die wichtige Anregung des Werkes anerkennt,

Sicherlich bedurfte Buckle's Behauptung einer starken Correctur, allein niemand fiel es ein, den eigentlichen und wahrhaften Meister der sittlichen Werthbeurtheilung den alten Schlosser gegen ihn ins Treffen zu führen; es wäre doch zu deutlich gewesen, dass sein Standpunkt nur von den allerwenigsten Gelehrten heute mehr getheilt werden kann. Wenn aber keiner die ethischen Maasse ganz entbehren will,[1] von

das Beste und Treffendste mit wenigen Worten gegen dasselbe eingewendet hat: ‚Damit ist ein Grundfehler von Buckle berührt, der, wie in seiner Anschauung, so in seiner Forschung begründet ist Es ist ein oft begangener Fehler, seine Ansicht steht fest, bevor er die Untersuchung beginnt, so dass seine Forschung sich darauf beschränkt, Material für die Bestätigung einer Ansicht zu gewinnen, die sich bei ihm aus Lebensanschauungen und Studien auf zum Theil weit entlegenen Gebieten gebildet hat'. Ob nun aber der positive Theil der Usinger'schen Erörterungen genügen könnte, soll hier nicht untersucht werden, da es uns nicht auf die dort erörterten Fragen ankommt.

[1] Es ist ja Vieles und Vortreffliches über die mannigfaltigsten Punkte der Historik geschrieben worden. Gewiss liest Niemand ohne die dankbarste Belehrung Giesebrecht's Charakteristik der heutigen Geschichtschreibung, hist. Zeitschr. I. 1. Ebenso sind die beiden Vorträge von Sybel's (Vorträge und Aufsätze, Berlin 1874) Ueber die Gesetze des historischen Wissens und Drei Bonner Historiker für die Principienfragen von allergrösster Relevanz. Doch ist es merkwürdig, dass in allen diesen trefflichen Abhandlungen gewisse Begriffe vorausgesetzt werden, welche eben erst erläutert werden sollten. So spricht Giesebrecht fortwährend von der Geschichtswissenschaft, als ob das Gebiet derselben gar nicht fraglich wäre. Hat man sich nicht vielmehr die Frage zu beantworten: Was ist denn Geschichte? es kann doch nicht gemeint sein, dass Geschichte die Darstellung von allem Geschehenen ist, und wenn sie nur Darstellung von einigem ist, was geschah, woran erkennt man denn,‚ wo ihr Forschungsgebiet anfängt und aufhört. Ebenso können auch die angeführten schönen Essays von Sybel's nicht ohne die geheime Voraussetzung bestehen, dass über gewisse Begriffe eine Einigung vorhanden sei, welche aber in Wahrheit fehlt. Dies zeigt sich insbesondere in dem, was von Sybel aus Anlass Niebuhr's sagt. Wo er mit trefflichen Worten Niebuhr's sittliche Energie lobt, heisst es etwas allgemeiner schon früher: Die Quellenkritik, gerade wenn sie gewissenhaft und methodisch gehandhabt wird, kann ihrer Natur nach nur den Bestand der einzelnen Thatsache ermitteln: dann erst erscheint aber die eigentliche Aufgabe des Historikers, aus dem äusseren Bestande auf den inneren Gehalt dieser Facta zu schliessen, ihren geistigen Zusammenhang festzustellen und so zu ihrer sittlichen Würdigung zu gelangen'. Goldene

welcher Ethik soll man denn heute eigentlich als Historiker sprechen? In der That es wäre schwer diese Frage zu beantworten, wenn man sich nicht eines trefflichen Ausspruchs von Trendelenburg hier erinnerte, der im Jahre 1856 schon bemerkte, dass das, was bis auf den heutigen Tag die allgemeinste Giltigkeit habe, nichts anderes sei, als die Aristotelische Ethik, von der die Greifswalder Universität schon 1545 ganz richtig gesagt hätte, dass es für diesen Theil der Philosophie nichts Besseres und Vollendeteres (praestantius et absolutius) gebe. Wir wollen also gerne annehmen, dass in unseren neueren Historikern, wenn sie sich auf Werthurtheile einlassen, ein Stück Aristoteles lebendig sei, und dass mehr oder weniger bewusst, die εὐπραξία des alten Stagiriten an die Stelle des Schlosser'schen Rigorismus getreten ist. Sollte aber darin der Fortschritt unserer heutigen Geschichtswissenschaft gelegen haben, dass wir von Kant auf den Aristoteles zurückgekommen sind und wäre dies der ganze Triumph, den wir über die Schlosser'sche Geschichtschreibung davongetragen haben?

Es ist allerdings richtig, dass die Aristotelische Ethik so viel nichtssagender und leerer ist, als die Kantische, dass die Anwendung derselben auf die Geschichte gewiss unschädlicher sein und weniger Anlass geben mag von Seite des Darstellers Personen und Sachen fortwährend zu hofmeistern. Am Ende ist es auch sehr erklärlich, dass die meisten Historiker, wenn sie im Aristotelischen Begriff die Glückseligkeit als Hauptmoment des ethischen Wollens gepriesen finden, sich rasch für die Anwendung eines so bequemen Maassstabes der Werthbeurtheilung entscheiden. Wie aber die Glückseligkeit bei Aristoteles von der Tugend und die Tugend von dem ethischen Wollen bedingt wird, so dreht sich auch in der Anwendung

---

Worte, nur ein kleiner Satztheil ist zu erklären vergessen: ‚zu ihrer sittlichen Würdigung zu gelangen'. Aber woher nehme ich denn die Sittlichkeit? Etwa aus der Bibel? — das kann Sybel nicht gemeint haben. Bei dem kategorischen Imperativ würden ihm, dem Kenner des 18. Jahrhunderts, Schlosser's Irrgänge sofort eingefallen sein. Hier stehen wir also vor der grossen Lücke in den ‚Gesetzen des historischen Wissens'. Wir verlangen sittliche Würdigung und drehen uns aalglatt herum, wenn wir sagen sollen, was denn eigentlich das für ein Ding ist, diese sittliche Würdigung.

dieser Sittenlehre auf die Geschichte die ganze Werthbeurtheilung nicht selten in einem verhängnissvollen Cirkel. Es ist hier nicht unsere Aufgabe in eine Kritik der Aristotelischen Ethik einzugehen, und für unsern Theil vermögen wir uns bei den kritischen Ausführungen zu beruhigen, welche Männer, wie Hartenstein über dieses Capitel der alten Philosophie längst vorgebracht haben.[1] Was die Anwendung davon auf die geschichtliche Werthbeurtheitung anbelangt, so ist es aber klar, dass der Unterschied nicht sehr erheblich ist, ob man die Maasstäbe aus dieser oder jener Philosophie entnimmt.

Soll die Geschichtschreibung nicht gänzlich auf jede Werthbeurtheilung der Dinge verzichten, so besteht die Aufgabe ihre Maasstäbe auf eigenem Grund und Boden aufzusuchen. Was man als eine erste Forderung der Historiographie mehr ahnt, als deutlich zu begreifen pflegt, liegt zumeist in der

---

[1] Die schon 1859 erschienene Abhandlung Hartenstein's: Ueber den wissenschaftlichen Werth der Ethik des Aristoteles, Historisch-philosophische Abhandlungen, Leipzig 1870 Nr. VII. S. 240. Merkwürdig genug, dass der Mann, welcher gewiss das Vernichtendste über dasjenige gesagt hat, was nach Trendelenburg auch noch für die Gegenwart giltig wäre, doch, so viel ich weiss, der erste, ernstlich darauf aufmerksam gemacht hat, dass Aristoteles 'selbst weit entfernt war, seiner Ethik jene canonische Bedeutung beizulegen, welche — sagen wir es kurz — der Scholasticismus ihr bis heute gerne erhalten möchte. Vgl. S. 245. Interessant war mir schon bei dem Erscheinen der Hartenstein'schen Abhandlung eine unbewusste Uebereinstimmung zwischen Hartenstein und Bonitz in Bezug auf einen kleinen Punkt ihrer Beweisführungen. In den unvergesslichen Vorlesungen des Letzteren erinnere ich mich vor mehr als fünfundzwanzig Jahren schon die überraschende und mir damals höchst erstaunlich klingende Bemerkung am Ende seiner Kritik des Aristotelischen Begriffs gehört zu haben, dass die Sache genau so wäre, wie wenn Goethe die Erfahrung als das definiren lässt, was ein Erfahrener erfahrend u. s. w. Nachher las ich mit Vergnügen, was Hartenstein S. 280 bemerkt: ‚Der Cirkel, in welchem sich die Aristotelische Ethik bewegt, erinnert fast unwillkürlich an die Art, wie Behrisch in Goethe's Dichtung und Wahrheit die Erfahrung definirt'. Da thatsächlich weder der eine noch der andere von diesen beiden Gelehrten die Bemerkung des anderen vorher gekannt hatte, so wird man es wohl einem Historiker, der geschäftsmässig auf die Uebereinstimmung der Quellen halten muss, wohl nicht verdenken, dass er sich von den sogenannten sittlichen Urtheilen unserer Geschichtschreiber nie sehr einschüchtern lassen konnte, da er sich dabei immer an Goethe's Behrisch erinnern musste.

Zurückweisung jedes fremden Elements, durch welches Personen und Ereignisse aus ihrer eigenen Stellung und ihrem selbstständigen Wesen herausgerissen werden. Will man den geschichtlichen Dingen wirklich gerecht werden, so muss man sich aller Voraussetzungen entschlagen, welche der Darstellung eine Zuthat des Geschichtschreibers verleihen. Was man gemeiniglich als subjective Aeusserung des Erzählers empfindet oder tadelt, ist nichts als jenes Urtheil, welches aus einer vorgefassten Meinung von den wahren Werthen des menschlichen Wollens und Handelns entstand. Die Geschichte als auf sich beruhende eigenständige Wissenschaft gefasst, muss ihre Werthe selber finden, aus sich heraus gewinnen, wenn sie einerseits nicht mehr als Magd einer fremden Wissenschaft erscheinen und andererseits nicht auf den Charakter beurtheilender Kritik verzichten will. Dass diese Aufgabe im Vordergrunde aller Forschung steht, wird vielleicht eher zugestanden werden, als die Wege betreten werden dürften, die einzig und allein zu diesem Ziele führen können. Denn hier ist der Punkt, wo unsere Forschung mit den bisherigen Methoden nicht auszureichen im Stande ist. Dass das Geschäft des Kritikers über das Thatsächliche hinaus zu einer Feststellung der Werthe, die für die zeitlichen Erscheinungen entscheidend sind, vorschreiten müsse, ist heute noch kein Grundsatz, der sich der allgemeinen Zustimmung erfreut. Soll aber auf diesem Gebiete nicht das Unerreichbare angestrebt und das Wesentliche nicht verloren gehen, so ist in erster Linie eine Verständigung über jene Werthe nöthig, welche innerhalb des erfahrungsmässigen Wissens der Geschichte gefunden werden können. Was man nun auch von dem Begriff des Absoluten in der Philosophie denken mag, die Geschichtswissenschaft als solche kennt nur ein zeitliches und mithin auch nur ein relatives Maass der Dinge. Alle Werthbeurtheilung der Geschichte kann daher nur relativ und aus zeitlichen Momenten fliessen, und wer sich nicht selbst täuschen und den Dingen nicht Gewalt anthun will, muss ein für allemal in dieser Wissenschaft auf absolute Werthe verzichten. Nun könnte es leicht erscheinen, als werde die Geschichte dadurch in ihrer Stellung und Bedeutung wesentlich herabgesetzt. Während sie bis jetzt sich zu den Wissenschaften zählte, welche die absoluten Werthe des Lebens aufzuzeigen meinen; soll sie nunmehr sich begnügen, darnach zu urtheilen, was einer bestimmten Epoche angehört, was von der zeitlichen Grenze unserer eigenen Anschauungen bedingt ist? Sieht man indessen näher zu, so wird man finden, dass die Wissenschaft nur durch das redliche Bemühen nach relativen Werthen gewinnen kann. Denn während jene absoluten Werthe, wie wir klar und vorzugsweise an Schlosser's Beispiel zeigten, überhaupt gar nicht aus der Geschichte genommen, sondern in dieselbe aus einer anderen wissenschaftlichen Gedankenreihe hineingetragen wurden, ersparte man sich bisher die exacte und methodische Erforschung jener Momente, welche als echte historische Werthe, den Historiker befähigten ein allgemein giltiges Urtheil über die einzelne Erscheinung zu fällen. Während man gewissermassen aus den Wolken, aus Dante's Paradies, aus Kant, aus Aristoteles die Maasse nahm und sich dabei noch recht erhaben über das Mittelalter fühlte, welches blos im Dienste der Theologen stand — und also den Aristoteles beim Hinterpförtchen einführte — während man ein absolutes Urtheil in Anspruch nahm und Weltgericht extemporirte, blieben die naheliegenden aus der Erfahrung zu gewinnenden praktischen Werthe der Geschichte fast ganz ununtersucht, und manche, die recht tapfer mit den ewigen Moralgesetzen spielen, finden es bequemer ihre Ansicht über die nächstliegenden historischen Werthfragen, besonders wenn sich diese auf kirchliche, auf staatliche, auf religiöse und selbst auf literarische Dinge beziehen, in möglichstes Dunkel einzuhüllen. Und in der That, wer etwa die heutige Geschichte Frankreichs einst beschreiben will, dem wird es gewiss weit angenehmer sein, von einer göttlichen Höhe aus alle Parteien gleichwerthig abzuurtheilen, als den wahren Werth und Unwerth ihrer Bestrebungen im Einzelnen nachzuweisen. Und wer dereinst über das, was man heute in Deutschland den Culturkampf nennt, ein Urtheil fällen will, der muss so oder so den Werth berechnet haben, welchen die unfehlbare Papstkirche historisch für die menschliche Gesellschaft haben konnte, sonst bleibt er uns ein Stümper, wenn er noch so sehr den unparteiischen Weltenrichter spielen wollte.

Die Auffindung der relativen Werthe kann allein der Geschichtschreibung, wie sie heute besteht, einen grösseren wissenschaftlichen Boden und eine fortschreitende Zukunft sichern. Wenn man fürchtet, dass die relativen Werthe als Maasstab der Beurtheilung des Einzelnen Willkür und Parteien in das ‚objective Verfahren' der Wissenschaft zu bringen vermöchten, so wäre erst zu beweisen, dass es früher anders war und dass etwa Kant, Schlosser oder Schiller mit ihrem absoluten Maasse zu einer allgemeinen Zustimmung gelangt wären. Allerdings aber wird die Forschung nach den Werthen erst dann der Willkür und Laune des Einzelnen mit Nachdruck entgegentreten können, wenn diese Forschung systematisch und methodisch und nach logischen Gesetzen geordnet als ein **gesicherter Zweig der Wissenschaft dasteht**.[1] So gut man aber heute

---

[1] Dass Letzteres durchaus fehlt, wird nicht bestritten werden können und ich möchte ein leises Eingeständniss davon in den Worten Sybel's erblicken, wenn er von Niebuhr sagt: ‚Eine andere Consequenz seines höchsten Grundsatzes ist der jetzigen deutschen Geschichtswissenschaft vielleicht etwas weniger gegenwärtig geworden oder geblieben'. Das was Herr von Sybel mit Thiers als die erforderliche ‚Einsicht' in die Dinge bezeichnet, würde ohne Zweifel bei näherer Ausführung uns mit von Sybel auf dem fast gleichen Boden der Anschauung finden; wie wir denn kaum hinzuzufügen brauchen, dass ja specielle, auf **Werthe gerichtete Untersuchungen** wirklich mit dieser ausdrücklichen Tendenz von Sybel unternommen worden sind. Denn man kann über die Resultate der Untersuchung, wie sich von selbst versteht, mit Herrn von Sybel streiten, aber seine bekannte Abhandlung über einige neuere Darstellungen der Kaisergeschichte war eine Untersuchung nach dem factischen historischen Werth zum Zwecke der Werthbeurtheilung und daher eine eminente Leistung auf dem Gebiete, von welchem wir sprechen. Hierauf schritt bekanntlich Ficker zu einer methodisch gleich hochstehenden Untersuchung über den allgemeinen Werth des Kaiserthums und die Controverse beider gelehrten Männer bleibt in der angedeuteten Richtung der Werthuntersuchungen eines der bedeutendsten und epochemachendsten Ereignisse der modernen Historiographie. Leider sind nachher die in dem höchst interessanten historiographisch unbedingt wichtigsten gelehrten Streite der Neuzeit aufgetauchten Fragen fast gänzlich fallen gelassen worden, als wenn sie gleichsam gar nicht zur Sache gehört hätten, oder wie wenn man dergleichen Dinge eben nur ‚pour la bonne bouche' geschrieben hätte. In den ungemein zahlreichen Untersuchungen, welche seit zwanzig Jahren die Geschichte der Kaiserzeit erfahren, ist oft kaum die Existenz einer solchen fundamentalen Controverse zu bemerken. Man hätte vielmehr erwarten können, dass nun die im Grossen aufgestellten Fragen im Einzelnen in gleicher Richtung verfolgt werden würden, zumal als besonders Ficker auf Grund seiner grossen Detailkenntniss dieser Dinge die Stellen wohl bezeichnet hatte, von welchen aus die Erörterung über den allge-

meistens annimmt, dass in einer Frage der Quellenkritik, der Feststellung einer einzelnen Thatsache vermöge allgemein geübter Methoden auch allgemeine Uebereinstimmungen des Urtheils erzielt werden können, ebenso muss es möglich sein, zu einem hohen Grade von gleichen Ueberzeugungen über die historischen Werthe und über die Maasse der Beurtheilung der einzelnen Ereignisse zu gelangen. Wenn es der Wirthschaftslehre und Statistik gelingen kann, den materiellen Werth des Lebens und der Gesellschaft mit einer fast von niemand angezweifelten Sicherheit zu bestimmen, so muss es auch eine Methode geben, um die geistigen Werthe zu definiren.[1] Der Historiker lehnt sich ohnehin zum guten Theile an die Bestimmung der materiellen Werthe an, wenn er Staatsgeschichte schreibt. Das Gebiet der idealen Werthe erschliesst sich ihm zwar schwerer und unter heftigeren inneren und äusseren Kämpfen, aber in der methodischen Eröffnung desselben liegt seine Aufgabe, liegt die Probe seiner Kraft. Vermag er hier nicht einzudringen, so ist jedes neue Wissen von geschehenen Dingen, jede neue Kenntnissnahme von Thatsachen der Vergangenheit ein neuer Beweis der Unbrauchbarkeit der Geschichte und eine beschwerliche, lästige und unnöthige Zumuthung an den lebendigen Menschen und das nachkommende Geschlecht.

Soll die Angriffnahme der Forschung nach den Werthen des geschichtlichen Lebens von Erfolg begleitet sein, so wird freilich Methode und Unterricht in dieser Wissenschaft mancher durchgreifenden Veränderung unterzogen werden müssen.

meinen Werth des deutschen Kaiserthums weiter geführt werden konnte. Allein eine methodische Pflege solcher Dinge hat keinen Bestand gewonnen, wie aus noch manchen anderen Beispielen, die ja zu Gebote ständen, gezeigt werden könnte. Warum diese Fragen aber so vernachlässigt zu werden pflegen? — mag einmal an einem anderen Orte und bei vielleicht gelegenerer Zeit besprochen werden.

[1] Dass eine Entwickelung und Verbesserung der Methoden zum Zwecke der Werthbeurtheilungen erst eintreten muss, ist klar, und sie kann erst eintreten, wenn die Aufmerksamkeit auf diese Dinge systematisch gelenkt ist. Dass das letztere weniger der Fall ist, als es sein könnte, wenn alle Jene, welche eine ganz richtige und deutliche Ahnung von diesem dringendsten Bedürfniss der deutschen Wissenschaft besitzen, mit der Sprache herausgehen wollten, nehmen wir als sicher an.

Und diesem mehr gefühlten als erkannten Umstande ist es ohne Zweifel zuzuschreiben, dass Schlosser vielleicht mehr als billig war, getadelt und rascher als erwartet wurde, vergessen worden ist. Hier ist auch der Punkt, wo die heutige Geschichtswissenschaft gleichsam instinctiv und mit vollem Recht am weitesten von Schlosser's Idealen abgegangen ist. Was er mit Kant und Herder als Aufgabe der Menschheits- und Universalgeschichte betrachtete, fristet heute nur noch ein elendes Dasein in den Lehrbüchern, mit welchen die Jugend der Mittelschulen in Deutschland grausam gequält zu werden pflegt. In den Kreisen der Gelehrten hat die Menschheitsgeschichte längst ausgerungen und sucht vergebens nach einem Anwalt, der ihre Vertretung vermöge seiner wirklichen Kenntniss von der Sache übernehmen könnte. In diesem Punkte ist mithin die Entwicklung der Historiographie vollständig von Schlosser abgewichen, niemand macht mehr den Anspruch, ein Universalhistoriker sein zu können.

Freilich ist diese Einsicht meist mehr eine persönliche als eine sachliche. Wenn aber die Ueberzeugungen noch nicht dahin gelangt sind, dass es überhaupt eine Menschheitsgeschichte wissenschaftlich nicht zu geben vermag, so beweist doch die entsetzliche Sterilität, die auf diesem Gebiete herrscht, dass die Zeit der universalhistorischen Bestrebungen vorüber ist. Kaum dass die neu erstehenden Weltgeschichten sich auch nur nach einem Principe bemüht hätten, nach welchem der Gegenstand dargestellt werden will. Was heute geleistet wird, ist Abklatsch des Systems, welches Schlosser verfolgte, und was man als Inhalt der Universalgeschichte mühselig fortschleppt, wird meistens mit Kant's versprechenden Worten angekündigt, und heute so wenig befolgt, als Schlosser es vermochte. ‚Man kann die Geschichte der Menschengattung im Grossen, als die Vollziehung eines verborgenen Plans der Natur ansehen, um eine innerlich und zu diesem Zwecke auch äusserlich vollkommene Staatsverfassung zu Stande zu bringen, als den einzigen Zustand, in welchem sie alle ihre Anlagen in der Menschheit völlig entwickeln kann.' So sagte Kant in der Idee zu einer allgemeinen Geschichte in weltbürgerlicher Absicht, so liest man es noch heute in den Büchern, aus welchen der junge Mensch von vornherein eine unhistorische Anschauung der Dinge erhält.

Mag man den Plan der Natur als Chiliasmus oder als Gotteswerk fassen,[1] wer mit diesem Reste einer theologisch philosophischen Auffassung in die Geschichte eingeführt worden ist, wird immer grosse Mühe haben, um endlich voraussetzungslos an die Erforschung der empirischen, realen und zeitlichen Werthe der Geschichte zu kommen.

Wenn wir nicht irren, steht die Historiographie heute im Stadium eines vollständigen Uebergangsprocesses. Die universalhistorische Richtung ist unhaltbar, die staatsgeschichtliche leidet an dem Mangel zuverlässig erkannter Werthe und sicherer Urtheile, von der chronistisch-antiquarischen zieht sich der gebildete Mensch mehr und mehr zurück und schaudert vor dem Abgrund eines den Geist ertödtenden, unermesslich nichtigen Wissens. Dass wir diesen nothwendigen Process in der Historio-

---

[1] Es gehört übrigens zu den seltsamsten Erscheinungen, dass Kant in seinem neunten Satz des Aufsatzes Idee zu einer allgemeinen Geschichte in weltbürgerlicher Absicht im Grunde selbst alles das zurücknimmt, was er vorher aufgebaut hat. Die im neunten Satz verborgenen Clauseln werden gewöhnlich von denen nicht bemerkt, welche den achten Satz aus einer dritten oder vierten Quelle abgeleitet haben. Schon Tomaschek Schiller S. 123 heisst es deshalb: ‚Mit grosser Vorsicht fügte Kant am Schlusse seiner Abhandlung hinzu, dass er mit dieser Idee einer Weltgeschichte, die gewissermassen einen Leitfaden a priori habe, die Bearbeitung der eigentlichen, bloss empirisch abgefassten Historie nicht verdrängen wollte: es sei nur ein Gedanke von dem, was ein philosophischer Kopf, der übrigens sehr geschichtskundig sein müsste, noch aus einem anderen Standpunkt versuchen könnte'. Noch energischer hat neuestens Zimmermann gegenüber von Comte auf diese Seite der Ausführungen Kant's im neunten Satze aufmerksam gemacht. Sitzungsb. d. Wiener Akad. 1877, 31—97 Kant und die positive Philosophie vgl. S. 92, wo Zimmermann sehr gut hervorhebt, dass Kant sogar sich nicht scheute, von seiner Voraussetzung, dass in der Geschichte eine Naturabsicht der Vervollkommnung hervortrete, den „Ausdruck zu gebrauchen, dass es möglicherweise ein ‚Roman' sei, was auf diese Art zu Stande gebracht werden würde. Wie wenig übrigens der Empirismus es verstanden hat, in Allem, was sich auf jene Fragen bezieht, die die Menschheitsentwicklung betreffen, auf eigenen Füssen sich fortzuhelfen, ist sowohl für die positive Philosophie, wie für die exacte Geschichtschreibung gleich sicher nachzuweisen. Zimmermann hat das Erstere gezeigt, es wäre nicht schwer an den verschiedensten Weltgeschichten zu zeigen, dass ausser der Kantischen Definition am Anfang des Buches von der Erfüllung der Naturabsicht oder des Vervollkommnungsplanes der Menschheit im Buch selbst gewöhnlich nicht viel zu bemerken ist.

graphie durchmachen müssen, um zu einer der Gesellschaft und der Nation überhaupt werthvollen historischen Wissenschaft zu kommen, ist gewiss, und die Anfänge dazu sind von einer Reihe hervorragender Männer und Schriftsteller in Deutschland praktisch gemacht, nur die Methoden und Principien sind nicht zu jener vollen Klarheit und Sicherheit herausgearbeitet, welche das nachkommende Geschlecht vor Irrthum und Abwegen zu sichern vermöchte. Bei der Beurtheilung Schlosser's und der meisten seiner Zeitgenossen sollte aber die Geschichte der Historiographie sich fortwährend erinnern, dass wir in principiellen Fragen auch heute noch nur zu sehr in Irrthümern des vorigen Jahrhunderts stecken und dass wir jedenfalls auch in der praktischen Kunst der Geschichtschreibung zunächst nur um wenige Stufen den alten Kantianer übertreffen.

VI.

Es mag aber zum Schlusse passend erscheinen, die Hauptsätze zusammenzufassen, welche sich aus der Betrachtung einer literaturgeschichtlich eingreifenden Erscheinung, wie derjenigen Schlosser's, für die Principien und Aufgaben der Geschichtschreibung überhaupt ergeben haben.

Beschränkung und Vertiefung sind die Forderungen, welche sich gegenüber der älteren durch die philosophische Bewegung des vorigen Jahrhunderts beeinflussten Geschichtsforschung für unsere heutigen wissenschaftlichen Aufgaben ergeben. Wenn es sich gezeigt hat, dass der in die Geschichtswissenschaft von aussen her eingeführte Begriff der Menschheitsentwicklung sowohl nach seiner räumlichen und zeitlichen Ausdehnung, wie auch seinem Inhalte nach ein von einer einzelnen Wissenschaft, von einem einzelnen Zweig der Forschung schlechterdings nicht zu erfassendes Object sein kann, so ergibt sich hieraus mit Nothwendigkeit, dass die Versuche einer Weltgeschichte in dem bisherigen Verstande des Wortes an der Unzulänglichkeit der bloss historischen Methoden der Forschung immer scheitern werden. Die menschheitliche Entwicklung, welche Gegenstand der Weltgeschichte sein soll, könnte der Natur des Gegenstandes nach nur dann vollständig erkannt werden, wenn alle jene

Methoden bei Erforschung derselben zur Anwendung kämen, die dem Begriff der Welt und Menschheit in seinem ganzen Umfange entsprechen. Da aber diese Methoden alle Gebiete des menschlichen Wissens umspannen müssten, weil sich in der Geschichte der Menschheit alle Thätigkeit der Menschen mit allen Kräften der Natur in causalem Zusammenhang befinden, wenn es überhaupt eine Wissenschaft der Geschichte in dem Sinne von allem Geschehenen geben sollte, so folgt weiters, dass für die blosse historische Forschung ein grosser Theil der sich darbietenden Thatsachen immer unerreichbar sein wird. Soll also die historische Wissenschaft als ein in sich ruhendes Gebiet der allgemeinen Erkenntniss eine bestimmte abgegrenzte Stelle einnehmen und demgemäss innerhalb des ganzen Gebietes von dem, was der Mensch überhaupt weiss und erforscht, auch eine erfüllbare Aufgabe besitzen, so bleibt sie darauf angewiesen, sich auf jene Wirkungen zu beschränken, deren Ursachen auf ihrem Wege, vermöge ihrer Methoden der Forschung gefunden werden können. Sie kann also auch nicht hoffen, sofern sie auf dem Wege ihrer Erfahrung vorgeht, und es unterlässt, in andere Wissenschaften überzugreifen, eine Erklärung jener Erscheinungen zu finden, welche für den Bestand der Welt und der darauf wohnenden Menschheit in irgend einem gegebenen Zeitpunkt maassgebend wären.

Wenn aber das Forschungsgebiet der eigentlichen Geschichte nicht alle Aeusserungen und Wirkungen des Welt- und Menschenlebens umspannt, sondern nur auf gewisse Erscheinungen beschränkt sein kann, so wird man schon auf dem analytischen Wege der Ausschliessung alles dessen, was nur durch mathematische, naturwissenschaftliche, philologische und andere Methoden verstanden werden kann, zu einer richtigeren Vorstellung von dem, was die eigentlich historische Untersuchung zu leisten hätte, gelangen. Es ist aber klar, dass die einzelnen Wissensgebiete nicht bloss negativ begrenzt werden dürfen, sondern dass auch die positiven Momente ihres Inhalts festzustellen sind.

Welche Erscheinungen nun der Historiker zu erklären unternimmt, geht aus den ihm zu Gebote stehenden Erkenntnissquellen hervor. Im Allgemeinsten handelt es sich dabei um

Wirkungen, welche von Menschen und in einer Zeit ausgegangen sind, in welcher sie selbst für absichtliche Ueberlieferung ihrer Handlungen gesorgt haben, aber da auch nicht alle überlieferten Handlungen in Betracht kommen, sondern nur solche, welche für den gesellschaftlichen Charakter des Menschen entscheidend sind, der gesellschaftliche Zustand aber nicht unter allen Umständen, sondern nur in der Erscheinung als Staat sich der geschichtlichen Forschung eröffnet, so darf man sagen, die Aufgabe der Geschichte ist in erster Linie auf den Staat gerichtet und das Gebiet ihrer Thätigkeit wird durch das staatliche Moment gegen die anderen Wissenschaften hin abgegrenzt.

So weit darf man vielleicht hoffen, durch die Reihe der Schlüsse eine allgemeine Uebereinstimmung erzwingen zu können, und im Allgemeinen dürfte der staatsgeschichtliche Charakter unserer Wissenschaft nicht abgeläugnet werden. Es reicht aber nicht hin, eine Einschränkung auf das staatliche Moment überhaupt zu machen, wenn man nicht vermöge der weiten Ausdehnbarkeit des Begriffs vom Staat wieder in die Reihe von Vorstellungen zurückverfallen will, welche eben ausgeschlossen worden ist. Denn wer den Staatsbegriff in vager Allgemeinheit fassen wollte, müsste nothwendig wieder mit dem ersten Menschenpaar beginnen und käme im schönen Cirkel bei der Geschichte der Menschheit wieder an, die wir soeben als kein besonderes Forschungsziel einer einzelnen Wissenschaft erkannt haben. Man wird demnach auch bei der Beschränkung unserer Aufgaben auf den Staat nicht abzusehen vermögen von den individuellen Erscheinungen, deren Geschichte zu erforschen ist. Es gibt ohne Zweifel eine Geschichte von Japan, wie von Abyssinien und Haiti und sicher ist es nur eine stille Voraussetzung, wenn wir bei dem Worte Geschichte zuerst an uns, an unseren Staat oder an jene Gruppe von Existenzen denken, welche uns und unserem Staate verwandt sind und uns wenig darum bekümmern, dass es grosse Staaten gibt, die eine an sich ebenbürtige Geschichtswissenschaft besitzen mögen.

Dass die Forschung eine nähere und entferntere Verwandtschaft staatlicher Geschichten schon seit langer Zeit erkannt und nachgewiesen hat, und dass demnach auch die

Geschichtschreibung stets bald einen allgemeineren, bald einen specielleren Charakter annahm und mit Recht auf eine weitere Verallgemeinerung dringt, steht sicher nicht im Widerspruch mit diesen Sätzen, sondern ergänzt dieselben in erwünschter Art, denn wie der Nachweis grösserer oder geringerer Verwandtschaft von Völkern als ein Resultat der Forschung sich ergab, lag auch die engere und weitere Betrachtung ihrer gesellschaftlichen und staatlichen Verhältnisse im nächsten Bereiche der Geschichtsdarstellung. Wenn Ranke die völlige Gemeinsamkeit der staatlichen Erscheinungen in den romanischen und germanischen Völkern der modernen Zeiten als ein grosses Resultat festhalten konnte, so braucht man nicht zu zweifeln, dass die Erfahrungswissenschaft noch manche andere Beziehungen zwischen Völkern und Staaten erkunden mag, von welchen heute noch keine klare Einsicht vorliegt. Nur dürfen die angestrebten Resultate, auch wenn sie noch so sehr wahrscheinlich scheinen würden, nicht als Princip für eine einheitliche Auffassung verschiedener Geschichten vorausgesetzt werden, wenn man den Weg erfahrungsmässiger Betrachtung nicht abermals verlassen will.

Die Begrenzung der Wissenschaft in Raum und Zeit auf das staatsgeschichtliche Gebiet menschlicher Handlungen und Wirkungen könnte indessen kaum als ein erheblicher Gewinn betrachtet werden, wenn derselben nicht eine wesentliche Vertiefung der Untersuchung in Hinsicht der Beurtheilung und der Erforschung bestimmter Werthe der Erscheinungen zur Seite treten würde. Sollte unsere Wissenschaft auf die Entdeckung von Werth und Unwerth, indem sie sich als Erfahrungswissenschaft gestaltet, ein- für allemal verzichten, so könnte es eine grosse Frage sein, ob es nicht nützlicher gewesen wäre, bei den philosophischen Voraussetzungen zu bleiben und den Roman im Sinne Kant's oder im Sinne der zweier Staaten Ottos von Freising oder des einen Staates Augustins mit ungeschwächten Kräften fortzusetzen. Wir sagen, es könnte zweifelhaft werden, ob nicht der grösste Theil der Menschen für das Danaergeschenk einer Geschichte dankte, welche die Illusion zerstört hat, um nichts zu wissen, als von Stössen, Drangsalen und pergamentner Lüge, womit sich unsere Vordern so gut wie wir gequält.

Hier haben wir eine wahre und eingreifende Gefahr zu erkennen gemeint, wenn unsere historiographische Entwickelung das letzte Maass, wie es noch Schlosser aus teleologischer Voraussetzung einer stark auf das Moralische gerichteten Philosophie entnahm, über Bord geworfen haben sollte und nichts mehr übrig wäre, als der ‚heilige Bronnen' des ‚Pergaments'.

Was über die Werthbeurtheilung, welche die heutige Wissenschaft anstreben wird, noch zu sagen wäre, ist in wenige Sätze zusammenzufassen. Dass man den Maasstab für das Ereigniss aus der Erfahrung selbst gewinnen kann, wird auch von jenen wenigstens theilweise zugestanden, welche sich in Wahrheit anderer Werthmesser als der geschichtlichen bedienen, und Niemand gesteht es von vornherein zu, dass er eine Beurtheilung in die Geschichte einführt, die ausserhalb des Gegenstandes selbst gelegen hätte. Schon die geläufigen Gemeinplätze der Unparteilichkeit verbieten und verboten es immer, die Annahme fremden Maasses und Gewichts in der Geschichte zuzugestehen. Auch die Moralisten lebten hierin in einer sehr begreiflichen Täuschung. Für uns aber ergibt die Geschichte der Historiographie den vorherrschenden Beweis der Unentbehrlichkeit des Urtheils über Personen und Sachen. Die Aufgabe, welche sich für die weitere Entwickelung der Geschichtschreibung herausstellt, ist die wie die Forschung auf ihrem eigenen Wege zu solchen Urtheilen gelangen kann, wobei sich nur die Schwierigkeit erhebt, dass jedes Urtheil der Natur der Sache nach eine allgemeine Giltigkeit in Anspruch zu nehmen scheint, während es doch deutlich ist, dass alle Geschichtserfahrung zeitliche und daher vergängliche Werthe vorstellt.

Dass die Forschung auf erfahrungsmässigem Wege zur Erkenntniss absoluter Werthe menschlicher Dinge je gelangen könnte, ist nicht denkbar und sie muss sich daher begnügen, die relativen Maasstäbe aufzufinden, mittelst welcher eine Thatsache an der anderen, ein Ergebniss an dem anderen, eine Ursache an der anderen abgemessen werden kann. Dass eine solche Schätzung aus der blossen Betrachtung der äusseren Erscheinungen nicht hervorgehen kann, ist ebenso gewiss, als es unmöglich ist, aus den Rauchwolken eines Schornsteins die Pferdekräfte zu ermessen, die in jener Maschine thätig sind. Es wird eine Reihe feinerer und tieferer Untersuchungen nöthig sein, als die sind, welche gemeiniglich den nackten Thatbestand zu sichern streben, wenn man von den Erscheinungen zu den treibenden Motiven vorschreiten und diese Motive abschätzen will. Doch war es hier nicht unsere Aufgabe, die Grundsätze einer allseitig genügenden Methodologie aufzustellen. Sicher würden durch die strengere Erfüllung dieser Aufgaben unter den Händen des historischen Forschers selbst die Methoden sich vervollkommnen, die zum Ziele führen. Es sind nicht etwa neue Wege, die noch unbetreten wären; die hervorragendsten neuesten Geschichtschreiber arbeiten bewusst und unbewusst an dieser neuen Einschätzung des historisch überlieferten Stoffes. Die Pforte zu einer neuen über die philosophirende Geschichtschreibung hinaus fortschreitenden Bahn ist längst eröffnet, sie braucht nicht eingestossen zu werden, aber woran es mangelt, ist zuweilen die Einsicht in die principiellen Fragen und die klare Orientirung über die wahren Aufgaben, die noch zu erfüllen sind. Indem man hier mehr als diese Wissenschaft überhaupt zu bieten vermag, erwartet, dort bei weitem weniger als sie sollte, leistet, mag es einer ungeheuern Rührigkeit und einem gewaltigen, rastlosen Fleisse gegenüber, welche in den Vorhallen und auf den Vorstufen des Tempels herrschen, wohl zuweilen passend sein, einen orientirenden Blick auf den ganzen Bau zu werfen, um sich zu versichern, ob nicht vom Grundriss abgewichen worden ist.

Ebenfalls im SEVERUS Verlag erhältlich:

Johann Gustav Droysen
Grundriss der Historik: Vorlesungen zur Geschichtswissenschaft und Methodik
SEVERUS 2011 / 96 S. / 19,50 Euro
ISBN 978-3-86347-181-1

Die historische Forschung will nicht erklären; [...] sondern verstehen." (Droysen)

Droysen legte die Grundlage der hermeneutischen Methodik in den modernen Geschichtswissenschaften.
Das vorliegende Werk stellt den ersten umfassenden methodischen Kanon der modernen Geschichtswissenschaft dar. Es ist eine Zusammenstellung einer Vorlesungsreihe, die Droysen seit 1857 gehalten und immer wieder überarbeitet hat.
Mit diesem „Grundriss der Historik" erhält der Leser einen ausführlichen Einblick in die Grundlagen der Geschichtswissenschaft und wie Droysen diesen Begriff definiert. Dabei wird das Werk in die Teile „Methodik" und „Systematik" eingeteilt. Im ersten Teil geht es um die adäquate Darstellung der Ergebnisse der geschichtswissenschaftlichen Quellen und der Quellkritik, d.h. der Auseinandersetzung mit der Quelle selbst und ihrer Falsifizierbarkeit. Diese „quellkritische Methode" zeichnet Droysen und seine Werke aus. Auch heute noch befasst sich die Geschichtswissenschaft mit genau dieser Methode. Im zweiten Teil, der Systematik, wird die, wie Droysen sie nennt, „geschichtliche Arbeit" in verschiedene Arbeitsfelder eingeteilt. Abschließend widmet sich Droysen der philosophischen Fragestellung, warum Geschichte als Wissenschaft angesehen werden kann.

Sowohl Studenten der Geschichtswissenschaft, als auch allgemein interessierte Leser erhalten mit diesem Werk einen guten Überblick über das Feld der Geschichtswissenschaft und einen Einblick in die geschichtswissenschaftliche Definition Droysens.

Johann Gustav Droysen wurde am 06.07.1808 in Treptow geboren. An der Universität in Berlin studierte er Philosophie und wurde 1835 nach verschiedenen Lehrtätigkeiten außerordentlicher Professor an der Universität Berlin.

www.severus-verlag.de

Ebenfalls im SEVERUS Verlag erhältlich:

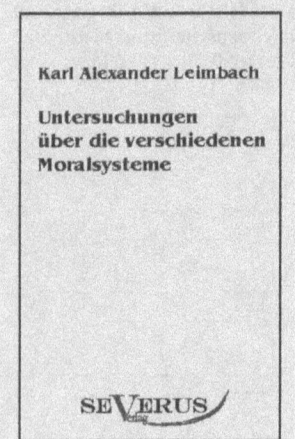

Karl Alexander Leimbach
Untersuchungen über die verschiedenen Moralsysteme
SEVERUS 2010 /136 S./ 19,50 Euro
ISBN 978-3-942382-00-7

„Auf der anderen Seite steht aber jener unzerstörbare Grundsatz: Mit einem praktischen Zweifel darf man niemals handeln." Von dieser Prämisse ausgehend entwirft Dr. Karl Alexander Leimbach, einst Priesterschüler des Ende des 19. Jahrhunderts amtierenden Bischofs von Fulda, Georgius Ignatius Komp, ein ausdruckstarkes Bild der im 17. und 18. Jahrhundert von der Kirche erbittert geführten Diskussion um die Definition, Auslegung und reale Anwendung verschiedener Moralsysteme. Dem interessierten Leser ermöglicht er auf diese Weise die Teilhabe an einem spannenden Stück deutscher Sozial- und Kirchengeschichte, deren hier erörterten Aspekte und Leitgedanken eine anregende Basis für die Reflexion eigener menschlicher Interaktionen bietet.

www.severus-verlag.de

Bisher im SEVERUS Verlag erschienen:

Achelis. Th. Die Entwicklung der Ehe * Die Religionen der Naturvölker im Umriß, Reihe ReligioSus Band V * **Andreas-Salomé, Lou** Rainer Maria Rilke * **Arenz, Karl** Die Entdeckungsreisen in Nord- und Mittelafrika von Richardson, Overweg, Barth und Vogel * **Aretz, Gertrude (Hrsg)** Napoleon I - Briefe an Frauen * **Ashburn, P.M** The ranks of death. A Medical History of the Conquest of America * **Avenarius, Richard** Kritik der reinen Erfahrung * Kritik der reinen Erfahrung, Zweiter Teil * **Beneke, Otto** Von unehrlichen Leuten: Kulturhistorische Studien und Geschichten aus vergangenen Tagen deutscher Gewerbe und Dienste * **Berneker, Erich** Graf Leo Tolstoi * **Bernstorff, Graf Johann Heinrich** Erinnerungen und Briefe * **Bie, Oscar** Franz Schubert - Sein Leben und sein Werk * **Binder, Julius** Grundlegung zur Rechtsphilosophie. Mit einem Extratext zur Rechtsphilosophie Hegels * **Bliedner, Arno** Schiller. Eine pädagogische Studie * **Birt, Theodor** Frauen der Antike * **Blümner, Hugo** Fahrendes Volk im Altertum * **Boos, Heinrich** Geschichte der Freimaurerei. Ein Beitrag zur Kultur- und Literatur-Geschichte des 18. Jahrhunderts * **Brahm, Otto** Das deutsche Ritterdrama des achtzehnten Jahrhunderts: Studien über Joseph August von Törring, seine Vorgänger und Nachfolger * **Brandes, Georg** Moderne Geister: Literarische Bildnisse aus dem 19. Jahrhundert. * **Braun, Lily** Lebenssucher * **Braun, Ferdinand** Drahtlose Telegraphie durch Wasser und Luft * **Brunnemann, Karl** Maximilian Robespierre - Ein Lebensbild nach zum Teil noch unbenutzten Quellen * **Büdinger, Max** Don Carlos Haft und Tod insbesondere nach den Auffassungen seiner Familie * **Burkamp, Wilhelm** Wirklichkeit und Sinn. Die objektive Gewordenheit des Sinns in der sinnfreien Wirklichkeit * **Caemmerer, Rudolf Karl Fritz** Die Entwicklung der strategischen Wissenschaft im 19. Jahrhundert * **Casper, Johann Ludwig** Handbuch der gerichtlich-medizinischen Leichen-Diagnostik: Thanatologischer Teil, Bd. 1 * Bd. 2 * **Cronau, Rudolf** Drei Jahrhunderte deutschen Lebens in Amerika. Eine Geschichte der Deutschen in den Vereinigten Staaten * **Cunow, Heinrich** Geschichte und Kultur des Inkareiches * **Cushing, Harvey** The life of Sir William Osler, Volume 1 * The life of Sir William Osler, Volume 2 * **Dahlke, Paul** Buddhismus als Religion und Moral, Reihe ReligioSus Band IV * **Dühren, Eugen** Der Marquis de Sade und seine Zeit. in Beitrag zur Kultur- und Sittengeschichte des 18. Jahrhunderts. Mit besonderer Beziehung auf die Lehre von der Psychopathia Sexualis * **Eckstein, Friedrich** Alte, unnennbare Tage. Erinnerungen aus siebzig Lehr- und Wanderjahren * Erinnerungen an Anton Bruckner * **Eiselsberg, Anton Freiherr von** Lebensweg eines Chirurgen * **Eloesser, Arthur** Thomas Mann - sein Leben und Werk * **Elsenhans, Theodor** Fries und Kant. Ein Beitrag zur Geschichte und zur systematischen Grundlegung der Erkenntnistheorie. * **Engel, Eduard** Shakespeare * Lord Byron. Eine Autobiographie nach Tagebüchern und Briefen. * **Ewald, Oscar** Nietzsches Lehre in ihren Grundbegriffen * Die französische Aufklärungsphilosophie * **Ferenczi, Sandor** Hysterie und Pathoneurosen * **Fichte, Immanuel Hermann** Die Idee der Persönlichkeit und der individuellen Fortdauer * **Fourier, Jean Baptiste Joseph Baron** Die Auflösung der bestimmten Gleichungen * **Frazer, James George** Totemism and Exogamy. A Treatise on Certain Early Forms of Superstition and Society * **Frey, Adolf** Albrecht von Haller und seine Bedeutung für die deutsche Literatur * **Frimmel, Theodor von** Beethoven Studien I. Beethovens äußere Erscheinung * Beethoven Studien II. Bausteine zu einer Lebensgeschichte des Meisters * **Füllebprn, Friedrich** Über eine medizinische Studienreise nach Panama, Westindien und den Vereinigten Staaten * **Gmelin, Johann Georg** Quousque? Beiträge zur soziologischen Rechtsfindung * **Goette, Alexander** Holbeins Totentanz und seine Vorbilder * **Goldstein, Eugen** Canalstrahlen * **Graebner, Fritz** Das Weltbild der Primitiven: Eine Untersuchung der Urformen weltanschaulichen Denkens bei Naturvölkern * **Griesinger, Wilhelm** Handbuch der speciellen Pathologie und Therapie: Infectionskrankheiten * **Griesser, Luitpold** Nietzsche und Wagner - neue Beiträge zur Geschichte und Psychologie ihrer Freundschaft * **Hanstein, Adalbert von** Die Frauen in der Geschichte des Deutschen Geisteslebens des 18. und 19. Jahrhunderts * **Hartmann, Franz** Die Medizin des Theophrastus Paracelsus von Hohenheim * **Heller, August** Geschichte der Physik von Aristoteles bis auf die neueste Zeit. Bd. 1: Von Aristoteles bis Galilei * **Helmholtz, Hermann von** Reden und Vorträge, Bd. 1 * Reden und Vorträge, Bd. 2 * **Henker, Otto** Einführung in die Brillenlehre * **Henne am Rhyn, Otto** Aus Loge und Welt: Freimaurerische und kulturgeschichtliche Aufsätze * **Jahn, Ulrich** Die deutschen Opfergebräuche bei Ackerbau und Viehzucht. Ein Beitrag zur Deutschen Mythologie und Altertumskunde * **Kalkoff, Paul** Ulrich von Hutten und die Reformation. Eine kritische Geschichte seiner wichtigsten Lebenszeit und der Entscheidungsjahre der Reformation (1517 - 1523), Reihe ReligioSus Band I * **Kaufmann, Max** Heines Liebesleben * **Kautsky, Karl** Terrorismus und Kommunismus: Ein Beitrag zur Naturgeschichte der Revolution * **Kerschensteiner, Georg** Theorie der Bildung * **Kotelmann, Ludwig** Gesundheitspflege im Mittelalter. Kulturgeschichtliche Studien nach Predigten des 13., 14. und 15. Jahrhunderts * **Klein, Wilhelm** Geschichte der Griechischen Kunst - Erster Band: Die Griechische Kunst bis Myron * **Krömeke, Franz** Friedrich Wilhelm Sertürner - Entdecker des Morphiums * **Külz, Ludwig** Tropenarzt im afrikanischen Busch * **Leimbach, Karl Alexander** Untersuchungen über die verschiedenen Moralsysteme * **Liliencron, Rochus von / Müllenhoff, Karl** Zur Runenlehre. Zwei Abhandlungen * **Mach, Ernst** Die Principien der Wärmelehre * **Mackenzie, William Leslie** Health and Disease * **Maurer, Konrad** Island von seiner ersten Entdeckung bis zum Untergange des Freistaats * **Mausbach, Joseph** Die Ethik des heiligen Augustinus. Erster Band: Die sittliche Ordnung und ihre Grundlagen * **Mauthner, Fritz** Die drei Bilder der Welt - ein sprachkritischer Versuch * **Meissner, Franz Hermann** Arnold Böcklin * **Meyer, Elard Hugo** Indogermanische Mythen, Bd. 1: Gandharven-Kentauren * **Müller, Adam** Versuche einer neuen Theorie des Geldes * **Müller, Conrad Alexander** von Humboldt und das Preußische Königshaus. Briefe aus den Jahren 1835-1857 * **Naumann, Friedrich** Freiheitskämpfe * **Oettingen, Arthur von** Die Schule der Physik * **Ossipow, Nikolai** Tolstois Kindheitserinnerungen. Ein Beitrag zu Freuds Libidotheorie * **Ostwald, Wilhelm** Erfinder und Entdecker * **Peters, Carl** Die deutsche Emin-Pascha-Expedition * **Poetter, Friedrich Christoph** Logik * **Popken, Minna** Im Kampf um die Welt des Lichts. Lebenserinnerungen und Bekenntnisse einer Ärztin * **Prutz, Hans** Neue Studien zur Geschichte der Jungfrau von Orléans * **Rank, Otto** Psychoanalytische Beiträge zur Mythenforschung. Gesammelte Studien aus den Jahren 1912 bis 1914. * **Ree, Paul Johannes** Peter Candid * **Rohr, Moritz von** Joseph Fraunhofers Leben, Leistungen und Wirksamkeit * **Rubinstein, Susanna** Ein individualistischer Pessimist: Beitrag zur Würdigung Philipp Mainländers * Eine Trias von Willensmetaphysikern: Populär-philosophische Essays * **Sachs, Eva** Die fünf platonischen Körper: Zur Geschichte der Mathematik und der Elementenlehre Platons und der Pythagoreer * **Scheidemann, Philipp** Memoiren eines Sozialdemokraten, Erster Band * Memoiren eines Sozialdemokraten, Zweiter Band * **Schleich, Carl Ludwig** Erinnerungen an Strindberg nebst Nachrufen für Ehrlich und von Bergmann * Das Ich und die Dämonien * **Schlösser, Rudolf** Rameaus Neffe - Studien und Untersuchungen zur Einführung in Goethes Übersetzung des Diderotschen Dialogs * **Schweitzer, Christoph** Reise nach Java und Ceylon (1675-1682). Reisebeschreibungen von deutschen Beamten und Kriegsleuten im Dienst der niederländischen West- und Ostindischen Kompagnien 1602 - 1797. * **Schweitzer, Philipp** Island - Land und Leute * **Sommerlad, Theo** Die soziale Wirksamkeit der Hohenzollern * **Stein, Heinrich von** Giordano Bruno. Gedanken über seine Lehre und sein Leben * **Strache, Hans** Der Eklektizismus des Antiochus von Askalon * **Sulger-Gebing, Emil** Goethe und Dante * **Thiersch, Hermann** Ludwig I von Bayern und die Georgia Augusta * Pro Samothrake * **Tyndall, John** Die Wärme betrachtet als eine Art der Bewegung, Bd. 1 * Die Wärme betrachtet als eine Art der Bewegung, Bd. 2 * **Virchow, Rudolf** Vier Reden über Leben und Kranksein * **Vollmann, Franz** Über das Verhältnis der späteren Stoa zur Sklaverei im römischen Reiche * **Volkmer, Franz** Das Verhältnis von Geist und Körper im Menschen (Seele und Leib) nach Cartesius * **Wachsmuth, Curt** Das alte Griechenland im neuen * **Weber, Paul** Beiträge zu Dürers Weltanschauung * **Wecklein, Nikolaus** Textkritische Studien zu den griechischen Tragikern * **Weinhold, Karl** Die heidnische Totenbestattung in Deutschland * **Wellhausen, Julius** Israelitische und Jüdische Geschichte, Reihe ReligioSus Band VI ***Wellmann, Max** Die pneumatische Schule bis auf Archigenes - in ihrer Entwickelung dargestellt * **Wernher, Adolf** Die Bestattung der Toten in Bezug auf Hygiene, geschichtliche Entwicklung und gesetzliche Bestimmungen * **Weygandt, Wilhelm** Abnorme Charaktere in der dramatischen Literatur. Shakespeare - Goethe - Ibsen - Gerhart Hauptmann * **Wlassak, Moriz** Zum römischen Provinzialprozeß * **Wulffen, Erich** Kriminalpädagogik: Ein Erziehungsbuch * **Wundt, Wilhelm** Reden und Aufsätze * **Zallinger, Otto** Die Ringgaben bei der Heirat und das Zusammengeben im mittelalterlich-deutschem Recht * **Zoozmann, Richard** Hans Sachs und die Reformation - In Gedichten und Prosastücken, Reihe ReligioSus Band III

www.ingramcontent.com/pod-product-compliance
Lightning Source LLC
Chambersburg PA
CBHW052134300426
44116CB00010B/1901